伦理学

[荷]巴鲁赫·德·斯宾诺莎 著
云汀 张媛昕 译

中国華僑出版社
北 京

图书在版编目（CIP）数据

伦理学 /（荷）巴鲁赫·德·斯宾诺莎著；云汀，张媛昕译．—北京：中国华侨出版社，2022.1

ISBN 978-7-5113-8614-4

Ⅰ．①伦… Ⅱ．①巴… ②云… ③张… Ⅲ．①伦理学 Ⅳ．① B82

中国版本图书馆 CIP 数据核字（2021）第 191339 号

伦理学

著　　者/（荷）巴鲁赫·德·斯宾诺莎
译　　者/云　汀　张媛昕
责任编辑/李胜佳
策　　划/周耿茜
封面设计/一个人·设计
经　　销/新华书店
开　　本/880 毫米 ×1230 毫米　1/32　印张 / 8　字数 / 199 千字
印　　刷/三河市华润印刷有限公司
版　　次/2022 年 1 月第 1 版　2022 年 1 月第 1 次印刷
书　　号/ISBN 978-7-5113-8614-4
定　　价/39.80 元

中国华侨出版社　北京市朝阳区西坝河东里 77 号楼底商 5 号　邮编：100028
编辑部：（010）64443056　64443979
发行部：（010）64443051　　传　真：（010）64439708
网　址：www.oveaschin.com　E-mail：oveaschin@sina.com

译者序

《伦理学》是荷兰哲学家斯宾诺莎的经典著作，该书以欧几里得几何学的方式写就，书的每章都从定义开始，接着陈列一系列命题，就像几何学命题一样有证明，有推论，后面还有些注释。斯宾诺莎使用这样一种奇特的撰写手法，主要是受到了“现代哲学之父”笛卡尔的启发。笛卡尔曾说过：“欧几里得使用的几何学证明方法，也可以用在哲学上，这样可以增强哲学著作的说服力。”不过虽然他这样说过，却并未付诸实践。

而斯宾诺莎将这一设想变为现实，同时首次提出泛神论思想：上帝作为完满的、唯一的实体，包含一切存在物，万物皆在上帝中，万物皆为上帝。

斯宾诺莎认为，只有上帝才是真正自由的，但人作为神的模式，是受制于必然的，故而人没有意志自由。对人类来说，最大的自由是爱神的可能性（“amor Dei intellectualis”，对上帝理智的爱），人类需要用理智来控制自己的激情，这样理智才能引导人走向完善。善有利于个人的完善，而恶阻止个人的完善。

斯宾诺莎的观点惹怒了当时的犹太教徒和基督教徒，犹太教会对他施以“大开除”之惩罚，除了将斯宾诺莎驱逐出教之外，还要求人们必须在现实生活中与斯宾诺莎至少保持一肘尺的距离。备受孤立的斯宾诺莎最终逃离了阿姆斯特丹，并在海牙的乡村靠给人磨镜片度过了后半生。

能够翻译这部伟大的著作，将斯宾诺莎的思想传递给优秀的读者，译者感到万分荣幸，望读者与译者一同向作者的成就和人格致敬。

目录

Contents

第一部分
论　神

定　　义

（一）自因的事物，我意指，它的本质中包含存在，或者它的本性只能设想为存在着的。

（二）当一件事物能被具有相同本性的另一事物限制时，它就被称为自类有限。例如，一个物体被称为有限，是因为我们总能设想另外一个更大的物体，因此，一种思想也能够被另外一种思想所限制，但是一个物体不能被思想所限制，一种思想也不能被物体所限制。

（三）实体，我意指，在事物本身内，或由事物本身设想出来的东西，换言之，实体的概念能独立于其他概念而形成。

（四）属性，我意指，由理智理解为构成实体的本质的东西。

（五）模式，我意指，实体的样态，或是存在于他物，并凭借他物设想出来的东西。

（六）神，我意指，一种绝对无限的存在——一个具有无限属性的实体，其中每一种属性都体现出永恒无限的本质。

说明　我说的绝对无限，不是自类无限：因为，对于一个只是自类无限的东西来说，无限的属性是可以被否定的，然而对于绝对无限的东西来说，包含于其本质的一切都表示了真实，不包括否定。

（七）自由，是指仅由自身本性的必然性而存在的东西，其行为仅由它自身决定；反之，必然，或受制，是指事物的存在或行为永恒地由固定确有的方式所决定。

（八）永恒，我意指存在本身，是就它只能必然地被设想为由永恒事物的定义所推断出而言。

说明 这样的存在可以被设想为一个永恒的真理，如同事物的本质，因此，它不能用延续或时间来解释，尽管延续可能被设想为无始无终。

公 理

（一）一切存在着的事物，要么存在于它自身，要么存在于其他事物之中。

（二）一切事物，倘若不能由他物设想出来，就必定由自身设想出来。

（三）如果给出明确原因，必然有结果产生；反之，如果没有给出明确原因，就不会有结果产生。

（四）对结果的认识依赖对原因的认识，也包括了对原因的认识。

（五）倘若事物之间并无共同之处，那么其中一物不能凭借另外一物被理解，其中一物的概念不涉及另一物的概念。

（六）一个真正的概念必须符合它的意向或对象。

（七）如果一个事物被设想为不存在，它的本质不包含存在。

命 题

命题一 实体按其本性必先于样态。

证明 据定义三及定义五，此命题自明。

命题二 属性不同的两个实体之间无共同之处。

证明 同据定义三，不证自明。因为每一个实体都必须存在于自身，由自身设想而来；换言之，一个实体的概念并不隐含另一个实体的概念。

命题三 彼此没有共同之处的事物之间，其中一个事物不能成为另一个事物的原因。

证明 如果事物之间没有共同之处，那么其中一个事物不能凭借另一个事物被理解（据公理五），因此，其中一物不能成为另外一物的原因（据公理四）。此证。

命题四 两个或两个以上不同事物之间的区别，要么在于实体的属性不同，要么在于实体的样态不同。

证明 一切存在着的事物，要么存在于它自身，要么存在于其他事物之中（据公理一），也就是说（据定义三和定义五），在知性之外，除了实体和样态，再无其他。因此，在知性之外，除了实体，换句话说，除了实体的属性和样态，没有其他东西可以将几个事物逐一区分开来。此证。

命题五 宇宙中，不存在两种或两种以上的事物具有相同的本性或属性。

证明 如果有多个不同的实体，它们之间的区别，要么在于实体的属性不同，要么在于实体的样态不同（据命题四）。如果区别仅仅在于它们属性的不同，那么就可以认定，有且仅有一个实体具有相同的属性。如果区别在于它们的样态不同——正如实体自然要先于它的样态（据命题一）——那么就将样态放置一旁，而考虑实体自身，也就是说，(据定义三与定义六)，不能设想一个实体与其他实体的区别，即（据命题四）不能认定多个实体，只能认定一个实体。此证。

命题六　一个实体不能由另一个实体产生。

证明　宇宙中，不可能有两个实体具有同一种属性，即两者之间有共同之处（命题二)，因此（命题三)，一个实体不能成为另一个实体的原因，一个实体也不能由另一个实体产生。此证。

推论　由此可得，一个实体不能由任何外部的东西所产生。因为在宇宙中，除了实体和它们的样态，再没有其他的东西（据公理一和定义三、定义五中已经证明）。现在（据最后一则命题）一个实体不能由另外的实体产生，因此它也不能由任何外部的东西所产生。此证。相反一面的不合理性更能说明这一点。因为，如果实体能够由外部原因产生，对实体的认识就会依赖于对其原因的认识（据公理四)，这样（据定义三）它自身便不再是实体。

命题七　存在属于实体的本性。

证明　实体不能由任何外部的东西产生（命题六的推论)，因此，它必须是自身的原因——也就是说，它的本质必然包含存在，或者存在属于其本性。

命题八　每一个实体必然是无限的。

证明　只能有一个实体具有相同的属性，且它的存在源于它的本性（据命题七）；因此，它的本性包含存在，要么是有限的，要么是无限的。实体的存在不能是有限的，因为（据定义二）它不能被其他相同种类的实体所限制，而其他相同种类的实体也是必然存在的(据命题七)。如果说，有两个实体具有一个相同的属性，这是不合理的（据命题五），因此，实体的存在是无限的。此证。

注释一 有限的存在包含部分否定，而无限的存在绝对肯定了既定本性，由此（据命题七）每个实体的存在都是无限的。

注释二 毫无疑问，对于那些思考不严谨，也不习惯根据事物的第一因了解它们的人来说，理解命题七的论证是困难的，因为这些人在实体的自身和实体的样态之间不作区分，他们对事物产生的方式一无所知。因此，他们看见自然万物皆有原始，就以为实体也有原始。那些不知道事物真正原因的人，总是思维混乱，认为树木会像人一样说话，认为人是由石头或是种子构成的。他们认为任何形态都能转变为另外的形态，所以，那些混淆了神性和人性的人，轻易就将人类的激情归因于神，尤其是他们并不知道激情是如何在心灵中产生的。但是，如果人类思考实体的本性，他们就会毫不怀疑命题七的真实性。事实上，这个命题会成为一个普遍的公理，被视为自明之理。因为我们知道，实体是在其本身内，并通过本身设想出来的，实体的概念不依赖其他任何事物的概念；反之，样态存在于实体之外的事物之中，它们的概念凭借它们所存在的事物的概念而形成。因此，对于不存在的样态，我们也有可能产生真实的概念，因为，尽管在设想的理智之外，它们可能并不真实存在，然而它们的本质却包含在外部事物之中，它们由这些外部事物设想而来。反之，实体的唯一真理，是置于理智之外的，它必须在于实体的存在，因为它们由自身设想而来。因此，倘若一个人说他有一个对于实体的清晰明确的概念，即真概念，但是他又不能确定这个实体是否存在，这就好像他说他有一个真概念，但他又不确定这个概念是否是错误的（稍加思索即可明了），或者，倘若一个人断言，实体是被创造而成的，这就好像在说一个错误的概念是真实的——简而言之，互相矛盾，荒谬至极。因此，必须承认，实体的存在，正如其本质，是永恒的真理。因此，我们可以通过另一种推理过程来总结，即有且仅有一个这样的实体。我认为最好现在就开始这个过程；同时，为了使论证过程进行得有条不紊，我们必须预先假设：

1. 一件事物的真实定义，只包括或表达这件事物的本性，而不包括或表达任何超出其本性的东西。据此可得——

2. 既然一件事物的定义并不表达任何超出其本性的东西，那么任何定义都不能暗示或表达个体的固定数量。例如，三角形的定义只表达了三角形的实际本性，并不暗示任何三角形的固定数量。

3. 每一个存在着的个体事物，都必然有其存在的原因。

4. 这一存在的原因要么一定包含于事物的本性和定义，要么一定包含在定义之外。

因此，可以得出，如果本性中存在的事物有一个既定的数量，那么这恰如其分的数量必然可以用某一原因来解释。例如，如果世上存在二十个人（简便起见，我假设他们同时存在，谁都不先于谁存在），我们想要解释这二十个人的存在，用一般的人类存在的原因是不够的；也必须要说明，为什么不多不少，刚好是二十个人，而不是其他数量：因为必须为每一个个体的存在指定一个原因。现在这一原因不能包含在人类的真实本性中，因为人类的真正定义并不包含任何对数字二十的考虑。因此，这二十个人存在的原因，以及他们每一个人存在的原因，都必须从每一个个体的外部去搜寻。因此，我们可以断定，即任何由多个个体组成的事物都必须含有一个外部原因。同时，正如已经证明的，存在属于实体的本性，存在必然包含于它的定义。仅从实体的本性，就可以推断出它的存在，但是从实体的定义来说（如上第二和第三条所述），我们不能推断出多数实体的存在，因此可得，只有一种具有相同本性的实体。此证。

命题九　一件事物所具有的实在性或存在越多，它具有的属性就越多。（据定义四）

命题十　实体的每一个特殊属性都必须由它自身设想而来。

证明　在知性看来，属性构成了实体的本质，因此，属性必须由自身设想而来（据定义三）。此证。

注释　显然，尽管两种属性实际上被设想为是相异的——也就是说，其中一种属性不需要另一种属性的帮助——然而，我们并不能因此总结出它们是两种存在或两个实体。因为实体的本性就是，它的每个属性都由自身设想而来，它具有的所有属性总是同时存在，各自独立，一个属性不能由另一个属性生成，但是每一个属性都表达着实体的真实或存在。因此将多个属性归结给一个实体，这不是不合理的，因为再清楚不过，每个实体都必须由属性设想而来，实体的真实和存在与属性的数量相符，都表达了实体的必要性、永恒性和无限性。因此，这就非常清楚了，一个绝对无限的存在必然被定义为具有无限的属性，而每一个属性都表达了一种确定的永恒和无限的本质。

倘若有人问，是否可以根据某种迹象区分不同的实体，那就请他阅读接下来的命题，这样就可以知道，宇宙中有且只有一个实体，而这个实体是绝对无限的，所以追求这种所谓的迹象着实是徒劳无功的。

命题十一　神，或实体，由无限多的属性组成，而每一个属性都表达其永恒无限的本质，每一个属性都必然存在着。

证明　倘若这个命题是否定的，那么请设想，神可能并不存在，那么他的本质也不包含存在，但是这一（据命题七）假设是不合理的，因此神必然存在。

另证 任何事物的存在或不存在都有其相对应的原因或理由。例如，倘若一个三角形存在，那么它的存在必定有一个理由或原因；相反，倘若这个三角形不存在，那么必定有一个原因，阻止或废除了其存在。这个理由或原因要么必定包含于正在探讨的这个事物的本性之中，或是必定存在于这个事物之外。例如，不存在方形的圆的理由就隐含在圆的本性之中，也就是说，方形和圆形之间存在矛盾。换句话说，实体的存在单由其本性产生，因为它的本性包含存在（据命题七）。

但是圆形或三角形的存在的理由，并不来自图案的本性，而是另外来自一般自然的规律。根据后者可得，要么一个方形必然存在，要么它便必然不存在。这一点不证自明。由此可得，如果没有原因或理由阻止一件事物的存在，那么这件事物必然存在。

如果没有原因或理由能够阻止或是毁灭神的存在，那么我们必然能得出结论，即神是一定存在的。如果有阻止神存在的原因或理由，这个原因或理由要么必定产生于神的最本性的部分，要么来自神的本性之外——也就是说，产生于具有其他本性的其他实体。因为如果神存在的理由产生于与它具有相同本性的实体中，那么依据这确切的事实，就承认了神的存在，但是如果神存在的理由产生于具有其他本性的实体，这实体与神毫无共同之处（据命题二），因此既不是神存在的原因，也无法毁灭其存在。

那么，正如废除神性存在的原因或理由不能产生于神的本性之外，如果神不存在，这样的原因或理由必定产生于神的本性，而神的本性中有否定其存在的原因或理由，这样的说法是矛盾的，而如此便断定，绝对无限至高完美的存在中具有否定自身存在的理由，这是不合理的，因此，不论是在神的本性中，还是在神的本性之外，都没有废除他存在的原因或理由。因此，神必定存在。此证。

另证 不存在的可能性是对力量的否定，相反，存在的可能性本身就是一种力量，这是很明显的，那么，如果说存在着的只有有限的事物，没有其他的事物，这样有限的事物要比绝对无限的存在更为有力，这显然是不合理的。因此，要么没有事物存在，要么绝对无限的事物必然存在，而现在我们要么存在于自身之中，要么存在于其他必然存在的事物之中（见公理一和命题七），因此绝对无限的存在——换言之，神（据定义六）——必然存在。此证。

注释 在最后的证明中，我有意后验地论证神的存在，所以这一论证更易于了解，这并不是说，根据相同的假设，不能先验地证明神的存在。因为，正如存在的可能性是一种力量，如果一件事物的本性中真实越多，它的存在的力量也就越多，因此绝对无限的存在，例如神，从自身也能汲取存在的绝对无限的力量，由此他绝对存在着。也许有许多人不能明白这项证明的效力，他们习惯于仅借助外部原因去思考事物。他们看到那些借助外因快速发生的事物——也就是说，快速存在的事物——又会快速地消失；反之，那些难以生成的事物——也就是说，不轻易存在的事物——他们就认为这些事物更加复杂难懂。

然而，为了消除这种误解，我不需要在这儿说明“来得快，去得也快”这一谚语中到底蕴含着多少真理，也不需要探讨，从宇宙本质的角度来讲，万物是否都一样的简易或复杂，我只需言明，我没有谈论那些由外部原因产生的事物，而是只谈论（据命题六）不能由外部原因产生的实体。由外部原因产生的事物，不论组成它的部分是多是少，它具有的完满或真实都源于外因的效力，因此它们的存在只单单来源于外因的完满，而并不源于自身。另一方面，实体所具有的完满并不和外因有联系，因此实体的存在必定单单来源于它的本性，而它的本性之中只有本质，再无其他。因此，事物的完满并不会抹去它的存在，恰恰相反，这种完满肯定了事物的存在。另一方面来讲，不完满确实会抹去事物的存在，因此，我们最能确信的存在，莫过于一个绝对无限或绝对完满的存在——也就是神的存在，而除此之外，再无其他。神的存在排除了一切的不完满，包含着绝对的完满，那么关于神的存在，便没有可以怀疑的原因，故其便拥有了最高肯定。我想，只要读者稍加留心，这一点即可明了。

命题十二 从实体的属性中不能推断出实体可分。

证明 假设实体可以分为部分，那么由实体分出来的部分要么保留了实体的本性，要么没有保留实体的性质。倘若是前一种情况，那么（据命题八）每个部分必然是无限的，并且（据命题六）都应该是自因的，并且(据命题五）每一部分都必然包含了一种不同的属性，如果那样，多个实体由一个实体产生，这是不合理的。此外，部分（据命题二）和整体并无共同之处，整体（据定义四和命题十）既不凭借部分而存在着，又不凭借部分设想而来，这更不合理了。倘若是第二种情况——也就是说，部分没有保留实体的本性——那么，如果整个实体被分成相等的部分，它就会失去实体的本性，将不复存在，这（据命题七）也是不合理的。

命题十三 绝对无限的实体是不可分的。

证明 如果实体可分，那么分成的部分要么保留绝对无限的实体的本性，要么不保留绝对无限的实体的本性。如果是前一种情况，我们应该会有多个具有相同本性的实体，这(据命题五）是不合理的。如果是后一种情况，那么（据命题七）绝对无限的实体将不会存在，这（据命题十一）也是不合理的。

推论　由此可得，无论是否具有形态，只要是实体，它就是不可分的。

注释　也许按照下述说法论证实体的不可分性会更易理解。实体的本性仅能设想为无限，而实体的部分仅能理解为有限的实体，而不能理解为其他，这种说法（据命题八）显然互相矛盾。

命题十四　除了神这一实体，没有其他实体，也不能设想其他实体。

证明　既然神是绝对无限的存在，神的属性表达实体的本质，这是不可否定的（据定义六），同时他必然存在（据命题十一）。如果除了神，还有其他的实体，它就必须由神的某一属性来解释，因此就会存在具有相同属性的两个实体，这（据命题五）是不合理的。因此，除了神这一实体以外，没有其他的实体，也不可设想其他的实体。如果可以设想其他的实体，那么该实体必然设想为存在着的，但是这（据该证明的前部分）是不合理的。因此，除了神这一实体，没有其他实体，也不能设想其他实体。此证。

推论一　显然，因此：1. 只有一个神，同时这个神也是宇宙中唯一的实体，该实体是绝对无限的，如我们已经表明的那样（据命题十的注释）。

推论二　由此可得 2. 延展所得或思考所得，要么是神的属性（据公理一），要么是神的属性的样态。

命题十五　万物皆在神之内，脱离了神，就不存在任何事物，也不能设想任何事物。

证明　除了神这一实体，没有其他实体，也不能设想其他实体（据命题十四），也就是说（据定义三），神之外，没有在其本身内，或由其本身设想而来的东西。但倘若没有实体，模式（据定义五）便无法存在，也无法设想而来，因此，模式只能存在于神的本性之中，并且只能通过神的本性设想而来。但是存在着的只有实体和模式，没有其他东西（据公理一），因此，脱离了神，就不存在任何事物，也不能设想任何事物。此证。

注释 一些人主张，神像人一样，也拥有形体和心灵，受情欲的调动。前面已经充分表明，这些人有多离谱，多么远离真理，这里就暂且略过不谈。因为，凡是认真思索过神的本性的人，都会否认神是拥有形体的。对于这一点，他们提出了绝佳的证明，他们说形体具有确定的形状，长度、宽度、深度，都有确切的数值，而神是绝对无限的存在，将神揣测为是具有形体的，这是荒谬至极的。但是同时，他们又试图搜寻其他的理由，以此来论证这一观点。他们认为，有形的实体或有延展的实体完全脱离于神的本性，并称它由神所创造，但是它到底从神本性的何处而来，他们却一无所知。这就清楚地表明，他们也不知道自己说的到底是什么意思，而我自己则充分清晰地进行了论证。不管怎样，以我的判断来看（据命题六的推论和命题八的第二条注释），实体不能由除其本身以外的任何东西所产生或创造。接着，我进一步论证了（据命题十四），除了神，没有其他的实体，也不能设想其他的实体。然而，为了阐释得更加充分，我将对反对者们的论点进行反驳，要点如下：

他们的第一个论点是，既然实体具有形体，可以延展，那么必定包含部分，因此他们否认它是无限的，也否认它属于神。论证这一点时，他们运用了很多例子，我只取其中一二来讲。他们说，如果有形的实体是无限的，那就设想它被分为两部分，每个部分要么是有限的，要么是无限的。如果部分是有限的，那么无限的实体便由两个有限的部分组成，这是不合理的。如果部分是无限的，那么一个无限是另外一个无限的两倍大小，这也是不合理的。

再者，如果以英尺来测量一条无限长的线，这条线则包含无数个按英尺分成的部分。同样的，如果以英寸来测量这条无限长的线，这条线则包含无数个按英寸分成的相等的部分。如果这样，那么一个无限将是另一个无限的十二倍大小。

最后，设想过一个点作两条分离的直线，这两条直线的初始长度是确定的，接着无限延长，可以肯定的是，这两条线之间的距离是不断扩大的，最终它们的距离从有限延伸至无限。这些谬论的前提，是对数量的无限的假设，从而得出结论，有形的实体必定是有限的，因此不能属于神的本性。

他们的第二个论点是从神的至高无上的完满性得来的。他们声称，神的存在是至高无上的完满的，所以必然不是被动的，但是有形的实体，鉴于它是可分的，那它便是被动的。由此可以得出，有形的实体并不属于神的本质。

关于这一主题的作家们的论点，我找到的便是以上这些，他们试图证明有形的实体不配拥有神的本性，也不属于神的本性。然而，我认为，一个细心的读者会知道，对于他们的观点，我已经做出了回应，因为他们的论点都建立在一个假说之上，即有形的实体都是由部分组成的，而这个假说我已经证明了(据命题十二和命题十三的推理)是不合理的。此外，根据这些谬论（它们是否是谬论，现在我暂不讨论）可以得出有形的实体是有限的这一结论，而任何有过反思的人都会知道，这些谬论并不来源于无限数量的观念，而仅来源于无限的数量是可测的，并由有限的部分组成这一观念，那么只能得出相对合理的结论：无限的数量是不可测的，并且不由有限的部分组成。这确是我们已经证明的（据命题十二）。因此，他们用来瞄准我们的武器事实上反冲到了他们自己身上。倘若他们固执己见，硬要根据这些谬论得出有形的实体必定是有限的这一结论，那么他们表现得就像那个断言圆形具有方形属性的人，置身于谬论之中，还大言不惭地说圆没有中心点，从中心点到圆周的所有线段都不相等。因为，有形的实体只能被设想为无限的、唯一的，且不可分的（据命题八、命题五和命题十二），而为了证明它是有限的，他们竟断言有形的实体由有限的部分组成，并且可以复制，可以分解。

所以，同样的，其他人基于线由点组成的主张，又生出其他的论点来证明线不能被无限分割。可以确信的是，断言有形的实体由物体或部分组成，其荒谬程度不亚于断言立体图形由面构成，面由线聚成，而线由点集成。凡坚信真理绝对正确的人都会承认这一点，而那些否认真空存在的人应尤为赞成。因为，倘若有形的实体可分，且分成的部分真的能够各自独立，为何其中一部分被毁灭后，其他部分便不能如之前那样紧密地联系在一起呢？同样的，为什么所有部分都能有条不紊地契合在一起，彼此之间不留真空呢？当然，就事物说来，若是事物真正区别开来，一个事物是能够不依靠其他事物而独立存在的，也能够保持它的初始状态，那么，既然自然中不存在真空（不久即证），而所有的部分也都凑集以阻碍其存在，由此可以推出，部分并不能真正被区别开来，故有形的实体既称其为实体，便必然是不可分的。

倘若有人再问，为什么我们总自然而然地倾向于认为数量是可分的呢？我如此回答，我们按两种方式来设想数量：一是抽象且表面的量，由我们的想象得来；二是作为实体的量，单由我们的理智设想而来，那么，就像我们经常做且容易做到的那样，倘若把数量视为想象所产生的，我们会发现它是有限的，可分的，并且由部分组成，但是倘若我们视数量为理智所产生的，并将它设想为实体，虽然这非常困难，但正如我已充分证明的那样，我们会发现它是无限的、唯一的，且不可分的。这一点对于那些在理智和想象之间作区分的人来说甚为了然，尤其是，倘若大家还记得，万物到处都是同一的，物质的部分并不是可分的，除非我们对物质加以各种条件，也就是说，当物质作为实体时，它是不可分的，而当物质作为模式时，它是可分的。例如，水这种物质，就其作为水而言，我们设想它是可分的，并且它的部分可以相互分离而独立，但是就其作为有形的实体而言，不能设想它是可分的。从这一点来看，它既不可分离，也不可分解。再则，水这种物质，就其作为水而言，既可以生产出来，也会遭到毁灭，但是，就其作为实体而言，它既不可产得，也不可被毁灭。

以上是我对反对者的第二个论点的回应。事实上，他们的第二个论点和第一个论点都建立在同一个假说上——即成其为实体的物质是可分的，是由部分构成的。即使这一假说成立，我也不明白为什么物质不配拥有神的本性。鉴于除了神（据命题十四）之外，没有其他的实体，而从神之中可以衍生出样态同，我再重复一遍，万物皆在神之内，万物皆只凭借神的无限本性的法则来运转，并且由（正如我将要简述的那样）神的本质的必然性产生而来，因此就算假定神是可分的，我们也决不能说，神受制于除了他自身以外的其他东西，也不能说有形的实体不配拥有神的本性。我们必须承认，神是无限且永恒的。目前，这一点已经说得够多了。

命题十六 根据神的本性的必然性，可以按无限种方式得到无限多的事物——即所有属于无限理智范围内的事物。

证明 这个命题是很清楚明白的，倘若有人还记得，从任何事物的既定的定义中，理智都能推出那件事物的多个性质，而这些性质都是可以必然从中推出的（从被定义的事物的真实本质中），同时，若那件事物的定义中表达的真实性越多，即被定义的事物的本质中包含的真实性越多，那么理智所能推出的那物的性质也越多。现在，既然神的本性拥有绝对无限的属性（据定义六），每一个属性都表达了自类无限的本质，从中可以推出，无限多的事物（所有属于无限理智范围内的事物）必然可以依据神的本性的必然性得来。此证。

推论一　由此可得，第一，神是所有属于无限理智范围内的事物的动力因。

推论二　由此可得，第二，神本身就是原因，并不凭借其本性中的偶然原因。

推论三　由此可得，第三，神是绝对的首要原因。

命题十七　神的行为仅遵循他本性的法则，且不受制于任何其他的东西。

证明　我们刚刚证明（据命题十六），仅根据神的本性的必然性，或仅根据他本性的法则——这是同一回事，便可以按无限种方式得到无限多的事物，同时，我们证明了（据命题十五）万物皆在神内，脱离了神，就不存在任何事物，也不能设想任何事物。因此，在神之外，不存在其他可以决定或约束神的行为的事物，神的行为仅遵循他本性的法则，且不受制于任何其他的东西。

推论一　由此可得，第一，除了神自身的完满性，没有外在或内在的原因可以促使神的行为。

推论二　由此可得，第二，神是唯一的自由因。因为神的存在（据命题十一和命题十四的推论一）和行为只遵循他自身本性中的必然性，因此神是（据定义十二）唯一的自由因。此证。

注释　有人认为神是自由因，是因为神能如他们所想的那样，使我们刚刚讨论的那些产生于他的本性，或在他的力量掌控之下的事物，不能出现或由他生成，但是这就类似于说，神能使三角形的三个内角和不等于两个直角，或者说神能使一个既定的原因不能孕育出结果，这是不合理的。

此外，不依靠本命题，接下来我将要证明，神的本性中既没有理智，也没有意志。我知道有很多人认为他们可以证明，神的本性中有至高理智和自由意志，因为他们声称，据他们所知，人类自身的完满是最为高级的，再没有比这种完满更加完满的东西了，而他们把这种完满归因于神。再者，尽管他们设想神是真正具有最高理智的，他们仍旧不相信，神能够为他所领悟的一切都给予存在，因为他们认为，这种做法会损害神的力量。他们据理力争，倘若神于其理智之中创造了一切事物，他便不能再创造任何其他的东西，而这一点是和神的全能相抵触的。因此，他们更乐于断言，神对世间万物是漠不关心的，他只顺随绝对意志，创造他所决定创造的东西，然而，我已经充分清晰地证明了（据命题十六），源于神的至高无上的力量或无穷无限的自然，无限多的事物——即万物必然以无限多的方式或按照相同的必然性流涌而出。同样地，正如从永恒出到永恒去，三角形的本性亘古不变，即三个内角之和等于两个直角。因此，神的全知全能在一切不朽中得以显露，且将在一切不朽中保持同等的活跃状态。在我看来，这个对待问题的方式赋予神的是远超于完满性的全知全能。此外，我们不得不坦言，神参悟了无限多的可创造的事物，然而他并不能创造它们，因为，倘若神创造了所有他所参悟的事物，照这种说法，他的全知全能会消耗殆尽，而他自身也不再完满。因此，为了证实神的完满性，我们又沦于证实，在神的力量所能延伸到的万物中，他是不能全然顾及的，必定是有缺漏的。这看起来是最最荒谬、最最违逆于神的全知全能的假说了。

更深一层地讲（关于我们常归因于神的理智和意志，这里我也要说两句），倘若理智和意志属于神的永恒本质，我们必须了解，在某种意义上，这两种属性和他们所认为的那样不同。因为组成神的本质的理智和意志，必然与组成人的理智和意志相距两极，事实上，这两者之间，除了名字相同以外，并无别的共同之处。这两者之间的联系，就如同天上的星座“犬”和那会叫的动物犬一样。这一点证明如下：倘若理智属于神的本性，那么它并不如我们想的那样，在自然中后于被参悟了的事物而存在，或与被参悟的事物同时存在，因为根据神的因果关系，神是先于万物存在的（据命题十六的推论一）。反之，万物的真理和形式的本质正如其是，是因为它的存在早已由神的理智所勾画描绘。因此，事实上，就其被设想为神的本质而言，神的理智是万物之因，同是万物的本质和万物存在的原因。这一点已经有人认识到了，他们早已断言，神的理智，神的意志，以及神的力量，是同为一体的。因此，既然神的理智是唯一的万物之因，即万物的本质和存在之因，那么论及本质和存在时，神的理智与人的理智必然是不同的。因为原因和结果的不同之处，恰恰在于后者是由前者所得的这一特质。

例如，一个人是另一个人存在的原因，但不是他的本质的原因（因为后者是永恒的真理），因此，这两个人可能本质上完全相似，存在上却各有差异，由此，倘若他们其中一个人的存在终止了，另一个人的存在没有必要一起终止，但是，倘若其中一个人的本质可以被摧毁，被虚构，那么另一个人的本质也会被摧毁。因此，如果一件事物是一个既定结果的存在原因，也是它的本质原因，那么这件事物一定在本质和存在上与该结果相异。现在，神的理智既是人的理智的本质之因，也是人的理智的存在之因，因此，就神的理智被设想为组成神的本质而言，在本质上和存在上，神的理智都不同于人的理智，除了名字一致，这两者无论如何都大相径庭，正如我们之前所讲的那样。至于神的意志方面，论证同上，人人易见。

命题十八 神是万物的永久原因，而并非万物的暂时原因。

证明 一切事物皆在神之内，必定由神设想而来（据命题十五），因此（据命题十六的推论一）神是于他之内的万物的原因。这是我们的第一个观点。再者，除了神之外，没有其他的实体（据命题十四），也就是说，在神之外，没有其他有本质的东西。这是我们的第二个观点。因此，神是万物的永久原因，而非万物的暂时原因。

命题十九 神及神的一切属性都是永恒的。

证明 神（据定义六）是必然存在（据命题十一）的实体，存在属于它的本性，或者源自它的本性（这是同一回事），因此，神是永恒不朽的（据定义十三）。再者，我们必定将神的属性理解为它表达了神圣实体的本质，换言之，它是属于实体的，那么我便以为，神的属性也应蕴含于实体的属性之中。现在，实体的本性是具有永恒性的（正如我在命题七中所示），因此，每一个属性也必定具有永恒性，故一切属性都是永恒的。

注释 以我证明神的存在的方式（据命题十一），也能使这个命题清晰明了；我便重复一下，从那项证明里我们清楚地知道，神的存在同他的本质一样，都是永恒的真理。再者（据我的《笛卡尔的哲学原理》中命题十九），我已用另外的方式证明了神的永恒性，这里我便不再赘述。

命题二十 神的存在和神的本质是同为一体的。

证明 神（据前命题）及神的一切属性是永恒的，也就是说（据定义八)，神的每一个属性都表达了存在。因此神的属性既阐明了神的永恒本质，与此同时也阐明了神的永恒存在——换句话说，神的属性在构成神的本质的同时，也构成了神的存在。据此，神的存在和神的本质是同为一体的。此证。

推论一 由此可得，第一，神的存在同他的本质一样，都是永恒的真理。

推论二 由此可得，第二，神及神的一切属性都是不可变更的。因为，倘若可以变更它们的存在，那么也必然可以变更它们的本质——明显是说，可以把真实变为虚假，而这是不合理的。

命题二十一 一切源于神之属性的绝对本性中的事物必定永远且无限地存在着，或凭借该属性具有永恒性和无限性。

证明 设想一下是否有这种可能（假设上述命题是否定的），从神的某个属性的绝对本性中可以产生某事物，同时这个事物是有限的，它的存在和时长是受到限制的，例如体现在思维属性中的神的概念。现在，就思维是神的一种属性而言，于本性中（据命题十一）它必然是无限的。但是，就思维拥有神的概念而言，它又被假定为有限的，然而，除非由别的思维所限制，否则不能将思维设想为有限的(据定义二)，但是倘若思维构成了神的概念，它便不受其他思维的束缚（就目前它被假定为有限来说)。因此，若是它受到其他思维的限制，只能说是因为它并没有构成神的概念，而神（据命题十一）是必然存在的。

现在若是我们承认，思维并不构成神的概念，且神的概念并不顺然地产生于其作为绝对思维的本性（这就像在说，思维既构成了神的概念，又没有构成神的概念)，这是与我们的假想相冲突的。因此，倘若体现在思维属性中的神的概念，或是体现在任何神的属性中的任何事物，都来源于上述属性的绝对本性的必然性，那么该事物必然是无限的，这是第一点。

此外，倘若一件事物源于任何属性的本性中的必然性，它便是没有时长的。如果这个观点是否定的，那么就设想出一件源于某一属性的本性中的必然性的事物，这件事物存在于神的某一属性中，例如体现在思维属性中的神的概念，而作出设想时，还需考虑这件事物在某些时刻是不存在的，或者它即将不复存在了。

现在，思维是神的属性，它的存在是必然且不可变更的（据命题十一和命题二十的推论），脱离了神的概念的时长限制（假设神的概念在某些时刻不存在，或者即将不存在），思维必定不用依附于神的概念而存在，而这又悖逆了我们之前的假想，即神的概念必然产生于既定的思维。因此，体现在思维中的神的概念，抑或是其他必然产生于神之属性的绝对本性的任何事物，在时期上是不受限制的，而凭借上述属性具有永恒性，这是我们的第二个观点。谨记：对于在任何神的属性之中，且源自神的绝对本性的任何东西，这个命题同样成立。

命题二十二　一切源于神之属性的事物，只要它拥有必然存在且无限存在着的样态，凭借上述属性，它的存在也是必然且无限的。

证明　此命题的论证与前命题的论证相同。

命题二十三　每一个必然存在且无限存在的模式，要么必定来源于神的某一属性的绝对本性，要么必定来源于某一属性的样态，而这样态的存在是必然且无限的。

证明　模式是存在于他物，并凭借他物设想出来的东西（据定义五），也就是说（据命题十五），模式仅存在于神内，仅凭借神设想而来。因此，倘若设想某种模式是必然存在且无限存在着的，那么它必然由神的某种属性推得或认识，这种属性也被设想为表达了存在的无限性和必然性，即（据定义八）永恒性，也就是说，它被视为绝对存在了。因此，一个必然存在且无限存在的模式，必定来源于神的某一属性的绝对本性，它或是直接（据命题二十一）从这本性中产生，或是凭借由上述属性的绝对本性生出的某一样态而产生，也就是说（据命题二十二），它的存在是必然且无限的。

命题二十四　由神所产生的事物的本质之中不包含存在。

证明　参照定义一，这个命题就很明白了。因为若事物的本性（就其本身而言）中包含存在，那它便是自因，并且依靠它自身本性中的唯一必然性而存在。

推论　由此可得，神不仅是万物初始存在的原因，也是万物继续存在的原因，以经院哲学的措辞来说，即神是万物的“存在因”(essendi rerum)。因为，不论事物是否存在，不论何时考察它们的本性，我们都知道它们的本性中既不包含存在，也不具有时长。由此得出，事物的本质并不能成为它们初始存在的原因，也不能成为它们延续存在的原因。神是独一无二的原因，存在仅归其所有（据命题十四的推论一）。此证。

命题二十五　神既是物之存在的动力因，也是物之本质的动力因。

证明　假设先否认这一命题，那么神不是事物的本质的原因，因此事物的本质能够（据公理四）脱离于神而设想得来。这是（据命题十五）不合理的。因此，神是物之本质的原因。此证。

注释　根据命题十六，这一命题就显得更加明白了。若按命题十六推理，可以清楚的是，假如神的本性是既定的，那么事物的本质及存在都必定由神的本性推来——总而言之，神必定被称为万物的原因，同样意义上，他也被称为自因。据下列推论，这一点会更加明了。

推论　特别的事物只是神之属性的样态，或是按一种确定的方式表示神之属性的模式。根据命题十五和定义五，该命题清楚了然。

命题二十六　一件事物受到支配，以一种特定的方式行动，那么它所受的必定是神的支配，那些不受神支配的事物也不能使自己有所行动。

证明　那些支配事物以一种特定方式行动的东西必然是活性的(这是很明显的)，因此，依据其本性中的必然性，神是万物之本质及万物之存在的动力因（据命题二十五和命题十六)，这是第一点。由此，可以简单明了地推出第二点。如果一件事物不受到神的支配，它能够自我支配，那么这项证明的前部分便是错误的，而正如我们所示，这是不合理的。

命题二十七　倘若一件事物受到神的支配，以一种特定的方式行动，那么这件事物不能使自身不受支配。

证明　该命题据第三条公理得以显证。

命题二十八　每一个特别的事物，或是每件有限且受约束而存在的事物，除非它受到除自身外的其他原因的支配而存在或行动，否则不能自行存在或支配自己的行动，而这个原因也是有限的，它的存在也是受约束的。同样的，这个原因也不能自行存在或支配自己的行动，除非它也受到除自身外的另外原因的支配，而该原因也是有限的，且其存在也是受约束的，以此无限类推。

证明　无论什么事物，只要受支配而存在或行动，其所受的都是神的支配（据命题二十六及命题二十四的推论)，但是有限且受约束的存在，是不能由任何神之属性的绝对本性所产生的，因为所有来源于任何神之属性的绝对本性中的东西都是无限且永恒的（据命题二十一）。因此，它必定产生于神的某一属性，而这一属性在某种程度上被视为处于样态的状态，因为实体和模式共同构成了存在（据公理一和定义三、定义五），而模式仅仅是神之属性的样态罢了。但是，倘若神之属性的样态是永恒且无限的，那么一个有限的事物就不能产生于神或任何神之属性。反之，倘若神之属性的样态是有限的，且其存在是受到约束的，那么这件事物必定来源于或受制于神或神之属性的存在和行动。这是第一点。再来，这条原因或这个样态（根据证明该命题前部分的理由）必定受其他原因的支配，而这个原因同样是有限的，且其存在是受到约束的，并且这后来的原因（根据同样的理由）同样为另一个原因所支配，照此无限类推（根据同样的理由）。此证。

注释　正如某些事物必定直接产生于神，也就是说那些事物源自神的绝对本性，而它们所依赖的基本属性，一旦脱离了神，便不能存在，也不可想象，由此可得，第一，神是由他直接产生的事物的绝对的近因。正如人们所述，我说的是绝对的近因，而不是自类中的近因。因为，若是没有神这一原因（据命题十五和命题二十四的推论），那么由神所得的结果便既不能存在，也不可想象。第二，确切来讲，不能将神称为特别事物的远因，除非是为了区别特别事物和由他直接产生的事物，亦即从他的绝对本性中得来的事物。因为，我们总是认为，原因是绝不会与结果产生联系的。但是，一切事物都在神之内，且如此依附于神，以至于一旦脱离了神，他们便既不能存在，也不可想象。

命题二十九　宇宙中没有事物是偶然的，万物都遵从神之本性的必然性，都以某种方式存在或以特定的方式运行。

证明　万物皆在神之内（据命题十五），但是神不能称为偶然的事物，因为（据命题十一）他是必然存在的，而不是偶然存在的。进一步说，神之本性的模式必然从神之本性得来，并不偶然从神之本性得来（据命题十六），而且，不论我们认为神之本性是绝对的，还是认为它受任何方式的支配而行动（据命题二十七），神之本性的模式都必然从神之本性得来。再者，神是这些模式的原因，不仅是就它们的单纯存在而言，也是就它们被设想为受支配而以特定的方式运转而言（据命题二十六）。倘若它们不受神的支配（据命题二十六），它们也不可能由自己支配，这种情况并非偶然，反之，倘若它们受神的支配，它们也不可能使自己不受支配，这种情况同样并非偶然。因此，万物都受神的本性的必然性所支配，不仅受支配而存在，而且受支配以特定的方式运行，而没有事物是偶然的。此证。

注释 进一步论述之前，我想在这儿解释一下，我们应该怎么理解"能动的自然"(natura naturans)，以及"被动的自然"(natura naturata)。说是解释，倒不如说是提示，因为之前我们就充分显明地阐述了，"能动的自然"可以理解为在自身之内且由自身设想而来的事物，或者可以理解为那些能够体现永恒无限的本质的实体的属性，换言之（据命题十四的推论一和命题十七的推论二），神被视为自由因。

"被动的自然"可以理解为一切源于神之本性的必然性的事物，或源于任何神之属性的必然性的事物，也就是指神之属性的一切模式，他们在神之内，一旦脱离了神，便不能存在，也不可想象。

命题三十 理智，不论它在现实(actu)中是有限的还是无限的，必定领悟神之属性及神之样态，不能领悟其他的东西。

证明 一个真正的概念必须符合它的对象（公理六），换言之（显然），凡是蕴含于理智的事物，必然在自然中得以展现。但是在自然中（据命题十四的推论一），只有神这唯一的实体，而没有其他的实体，除了神之样态，没有其他的样态可以脱离于神存在或设想而来。因此，理智，不论它的作用是有限的还是无限的，必定领悟神之属性及神之样态，不能领悟其他的东西。此证。

命题三十一 现实中的理智，不论它是有限的还是无限的，如同意志，愿望，爱情等，指的是被动的自然，而不指能动的自然。

证明 我们并不（显然）认为这里的理智是绝对的思维，只把它当作思维的一种模式，相异于其他的模式，例如爱情，欲望等，因此（据定义五）它只是凭借绝对思维设想而来。神的某个属性表达了思维的永恒无限的本质，依靠这个属性，理智（据命题十五及定义六）得以设想出来，倘若脱离了这个属性，它便既不能存在，也不能由别的什么设想而来。因此，理智必然指被动的自然，而不指能动的自然，正如思维的其他模式一样。

注释 这里我只论及了现实的理智，并非承认还有一种潜能的理智，但是为了避免一团混乱，我的意愿是只讨论我们最熟悉通晓的东西，而我们最熟悉通晓的莫过于知性行为了，因为倘若不能完善对知性行为的了解，我们便不能感知万物。

命题三十二 不能称意志为自由因，只能称之为必然原因。

证明 意志只是思维的一种特定的模式，如同理智一样，因此（据命题二十八），除非意志受自身以外的某一原因所支配，否则它便不能存在，也不能受其他什么的支配而行动，而这个原因同样受第三个原因支配，如此无限类推。但是，倘若意志是无限的，它必须受神的支配而存在或行动，所依赖的不是神作为实体的绝对的无限性，而是神拥有一种能表达思维的永恒无限的本质的属性（据命题二十三）。因此，不论设想理智是有限的还是无限的，它都需要一个可以支配它存在且行动的原因。因此（据定义七）不能称意志为自由因，而只能称它为必然原因或限制原因。此证。

推论一　由此可得，第一，神并不依照意志的自由而行动。

推论二　由此可得，第二，于神之本性而言，意志和理智地位一样，它们与其产生的联系是同等的，正如运动和静止之于神之本性那样，也如所有绝对的自然现象之于神之本性那样，所有这些都由神（据命题二十四）支配而存在或以特定的方式行动。因为，同其他事物一样，意志也需要一个可以依赖的原因，受这个原因支配而存在或以特定的方式行动。尽管一旦有了自由意志，无数多的结果便随之而来，然而并不能因此就称神依照意志的自由而行动，就像从运动和静止中也能生出无限多的结果，但我们并不能理直气壮地说运动和静止依照自由意志而行动。因此，意志并不属于神，就像自然中的其他事物也不属于神那样，而意志也如运动、静止及其他类似的事物一样与神产生同等的联系，如我们已示，这些事物都源于神之本性的必然性，受神之本性的支配而存在或以特定的方式行动。

命题三十三　万物只能按已有的方式或在已有的规律中由神产生，不能按别的方式或在别的规律中由神产生。

证明　万物必然源于神之本性（据命题十六），它们受神之本性的支配而存在或以特定的方式行动（据命题二十四）。因此，倘若事物具有另外一种属性，或是受另外一种方式支配而行动，那么自然的规律也会呈现出另外一番样貌，神之本性也会是另外一种模样，而（据命题十一）这另外一种本性的存在也是必然的，由此也将会有两个或更多的神。这是（据命题十四的推论一）不通的。因此，万物只能按已有的方式由神产生，不能按别的方式由神产生，诸如此类。此证。

注释一　如我以上所示，没有事物是偶然的，其理之明晰甚于正午之阳，我想简短地阐释一下，附于“偶然”一词的到底是何含义，不过，我会先阐释“必然”和“不可能”这两个词。

倘若称一件事物是必然的，那么这件事物要么于本质上是必然的，要么于原因上是必然的，因为一件事物的存在要么必然来源于它的本质和定义，要么必然来源于既定的动力因。同理，倘若称一件事物是不可能的，那么这件事物的本质或定义中是包含着抵牾的，或者没有外部原因促使这件事物产生。但是，不论从哪方面讲，都不能称一件事物是偶然的，除非我们的知识出现了漏洞。

对于一件事物，倘若我们并不知道它的本质中是否包含抵牾，或者我们知道它的本质之中包含抵牾，但是受因果规律的蒙蔽，我们仍旧持怀疑态度，不能对这件事物的存在作出明确的结论，那么我们称这件事物是偶然的或可能的。

注释二 如上所述，我们可以清楚的是，万物赖于神的最高完满性得以存在，万物必然来源于神最完满的本性。这并非意指在神之内有任何的不完满，因为神已经强制我们肯定了他的完满。倘若依据相反的命题，我们能清楚总结出来的是（如上所示），神不是至高完满的，因为事物可以凭借任何别的方式而存在，那么我们就该赋予神另外一种本性了，这种本性又相异于之前我们基于其绝对完满的存在而归于它的本性。

我不否认，很多人会揶揄说，这个想法很是荒谬，他们拒绝抛开成见去领会它的意思，只是因为他们习惯于将一种不同于我们推论所得的自由赋予神。简言之，他们将绝对自由的意志赋予了神。然而，我也在想，倘若这些人认真对物质进行一番思索，脑子里但凡对我们的一系列命题适度斟酌，他们便不会再纠缠在他们归结于神的自由上，因为这种纠结是无用功，而且极大阻碍了系统理论的形成。对我来说，没有必要将命题十七的注释再重复一遍。但是，为了使我的反对者们能进一步理解，我便再深入证明一番，尽管我们认同意志属于神之本质，而只有依据神的完满性，万物才能得以由神创造，并不凭借其他的规律。这一点很容易证明，我们只需回顾一下我们的反对者们所自我认为的观点，即只有依助于神之意志和神之法令，每件事物才成其为事物，否则，神便不是万物的原因了。进一步说，所有的神之法令都是由神自身的永恒性所准予的，否则，神便会被冠以不完满或可变的罪名，但是永恒之中是没有当时、之前或后来这类事物的，故从神的完满性中可得，除了他已有的法令之外，神不能再有其他的法令，也就是说，神既不先于他的法令而存在，也不能脱离他的法令而存在。但是，假设神创造了另外一个宇宙，又或者依据自然和自然规律的一切永恒性颁布其他的法令，我们也不能因此就总结说神是不完满的，但那些同意这一点的人必须承认神是可以更换他的法令的。倘若神已颁布了任何有关自然和自然本性的法令，而这些法令又与他所颁布的其他法令不同——换言之，倘若他产生了与自然不同的意志和设想——那么他必然拥有另外一种理智，而这种理智又与他所拥有的理智不同，同样地，他也必然拥有另外一种不同的意志，但是倘若容许赋予神另外一个理智及另外一个意志，而不变换神之本质及神之完满，那么是什么阻碍了他，使他不能变换已施加于造物上的法令，同时保持自身的完满呢？那必定是神之本质及神之完满，不论我们对神的理智及意志与造物及其规律之间的关系作何设想，基于神之本质与神之完满的永恒性，神之理智及神之意志也必然总是保持不变的。

再者，所有我拜读过其作品的哲学家们大多赞同，神的理智是完全现实的，没有潜在性的，正如他们也赞同，神的理智、神的意志及神的本质是同为一体的。由此可以推出，倘若神真的拥有另外一种现实的理智和另外一种意志，他也会拥有另外一种本质，因此，如我最初总结的那样，倘若事物按一种不同于已有的方式由神产生，那么神之理智及神之意志，即(公认的）神之本质必然也是另外一番样貌。这是不合理的。

鉴于事物只能按现有的方式和规律由神产生，鉴于这一命题的真理性源于神的至高无上的完满性，我们并无合乎情理的理由说服自己相信，神没有意愿去创造他理智中的一切事物，也没有意愿与这些事物共享他所领悟的完满性。

但是，反对者们又说道，万物之中既没有完满，也没有不完满，而决定它们完满或不完满，决定它们是好是坏的唯有神的意志。倘若神愿意的话，他便能将现在的完满变为极端的不完满，反之亦然。

多么笃定的说法，亦是公开的宣言：神必然明白自己的所愿所求，依从他的意志，他能够以一种与现有方式不同的另一种方式来领悟万物。这（正如我们刚刚所示）简直荒谬至极。因此，我便要与这话的叙述者们争辩一番：万物都依赖神的力量。倘若要使万物与已有的样子不同，那么神之意志必然也将与已有的意志不同，但是神之意志（正如我们刚才十分清楚地证实了）不可偏离于神之完满，与之相异，因此万物只能是其已有的面貌，不能是另外的面貌。我坦诚相言，一种推测说，万物由一个冷漠无情的神的意志所操控，并断定它们都遵照神的法令而运转，这种推测比之另外一些主张神显迹于万物且推行善意的推测要更为可信，更为趋于真理，因为后者似乎自行创造了一些超出于神的事物，这些事物并不依赖于神，而且匪夷所思的是，还意指神把它们视作模范，以它们为确定的目标。虽然换了一种说法，但它依旧承认了神服从于命运的支配。这完全是对神的污蔑，我们早已证明，神是万物之本质及存在的首要原因，也是万物之本质及存在的唯一自由因，因此，我不想再浪费时间去驳斥这类无凭无据的言论了。

命题三十四 神之力量与神之本质同为一体。

证明 根据神之本质的唯一必然性，可以得出，神是自身的原因（据命题十一），也是万物的原因（据命题十六及其推论），因此，神及万物都依助神之力量而存在，依助神之力量而行动，神之力量与神之本质同为一体。此证。

命题三十五 我们所设想而来的一切事物都在神之力量内，它们的存在是必然的。

证明 万物皆在神之力量内，必定在神之本质中受到领悟，万物必然从神之本质而来，因此它们的存在是必然的。此证。

命题三十六 倘若一件事物拥有原因，那么从这件事物的本性中必定能得出某种结果。

证明 一切存在着的事物都以一种既定且受限的方式表达了神之本性或神之本质（据命题二十五的推论），也就是说（据命题三十四），一切存在着的事物都以一种既定且受限的方式表达了神之力量，而神之力量是万物的原因，因此（据命题十六）从事物的本性中必定能得出某种结果。此证。

附　录

在以上叙述中，我解释了神之本性和神之属性，证明了神必然存在着，神是唯一的：神只依据他自身本性的必然性而存在和行动；神是万物的自由因，且神是如何成为万物的自由因的；万物都在神之内，都依赖神而存在，脱离了神，它们既不能存在，也不能设想而来；最后，万物都受神的事先安排，并非借助于神的自由意志或绝对法令，而是依据神之本性或无限力量。一旦拥有时机，我便更加卖力地驳斥那些对理解我的论证造成妨碍的偏见，然而，目前这些偏见仍不在少数，它们过去或现在都有可能严重阻碍人们如我所提示的那样去理解事物的关系。因此，我认为值得把这些偏见带到理性的面前，接受检验。

所有这些偏见都来自人们普遍怀有的观念，即自然中的万物都如人类一样，行动时考虑结果。人们肯定，神统领万物趋向一个确定的目标（据说神为人类创造了万物，又为了让人类崇拜他而创造了人）。因此，就这一点，第一，我要询问，为什么这一观点如此具有公信，为什么所有人类都自然而然地趋向于附和它。第二，我会指出它的错误之处。最后，我会论述，关于这些好与坏，对与错，嘉奖与责怪，秩序与混乱，美丽与丑陋，诸如此类的偏见是如何产生的。然而，我们并不能从人类心智中去推论这些偏见：我以众所公认的这一观点作为论证起始就已足够，即所有人类生来不知事物的原因，所有人都有欲求去搜寻对他们有用的东西，同时他们也能意识到自己的这种欲求。由此可得，第一，人类能够意识到自己拥有意志力和欲望，便认为自己是自由的，囿于这种无知，他们从不思考是什么原因驱使他们拥有愿望和诉求。第二，人类做事都求一个终果，即追求对他们有用的东西和他们需要的东西，因此他们只是寻找事件的目的因，当他们了解到这些原因，他们便止步于此，心满意足，再没有深入探索的想法。如果他们不能从外部寻求到原因的来源，他们就转而投向自己，反思是什么终果驱使他们行动，导致事件的发生，因此他们必然据自己的意愿来判断其他自然事物的活动迹象。再者，由于他们于己内己外找到许多办法，这些办法很大程度上能够帮助他们搜寻有用的东西。例如，眼睛用来看，牙齿用来咀嚼，草木和动物用来提供食物，太阳用来给予阳光，海洋用来饲养鱼类，如此等等。他们把自然中的所有都当成获得类似于这些便利的方式。现在他们意识到了，他们发现了这些便利却不知道它们是由谁创造的，他们便自拟原因去相信，某种其他的存在创造了它们，以供人类使用。由于他们把万物看作获利的方式，他们便不可能相信，万物自己创造了自己。但是，鉴于他们习惯使万物供己所用，他们不得不相信宇宙中存在某个或某些统治者，他们也像人一样拥有自由，操控万物，规适万物，以供人类使用。人类只能按自己的本性来猜测这些统治者的本性（这一问题尚无信息来源），因此他们断言，神授令万物以供人类使用，是为了迫使人类服从于神，以期得到人类的至高崇拜。由此便得出，人类便处心积虑，大费周章，以拜祭天神，以期神能爱他比爱他的同胞更多，然后指挥自然万物皆以满足他盲然、麻木、欲壑难填的贪婪而运行。于是，这偏见渐渐发展为迷信，深深扎根于人类思想中。基于这一理由，人们才如此热衷于了解、解释万物的目的因，但是，人类竭力试图证明自然从不做无用功，即从不做对人类无用的事，看起来就是要证明自然，神和人类都陷入了疯狂。我恳请你们考虑一下结果：在自然的诸多施力中，除了帮助，人们必然也能寻到一些阻挠的迹象，例如风暴、地震、疾病，等等，是他们自圆其说，之所以会有这类事情发生，是因为人类有罪，或于祭祀中出了差错，而神就此大发雷霆，迁怒于人类，而日常生活中，无数例证都向我们表明，好运和坏运同样降临于虔诚之人和不虔诚之人，然而，他们并不抛弃积久成深的偏见，因为，对他们来说，把这样的偏见归类于那些他们同样无法解释的未知事物，以便继续他们如今及天生的无知状态，要比摧毁这套理论并重新思辨来得更容易。因此他们又定论，神的判断远超人类的智识。这样一个教条本足以蒙饰真理以至于人类永远无法认清真相，而数学恰好提供了另外一种真理的标准，因为数学只研究图形的本质和性质，并不究其目的因。除数学外，也有其他的理论（这里我便不再提）能使得人类跳出这些普遍的偏见，引领他们到达真理的彼端。

目前，我已充分解释了我的第一个观点，现在也没有必要去详细地论证，自然并没有特定的目标，目的因论只是人类臆想的产物。我认为，不论是根据这类偏见所基于的原因及机制，正如我之前所阐明的，还是根据命题三十二的推论，进一步说，根据所有我以上论证的命题，这一点已足够明了，即自然万物都按一种必然性和至高的完满性而运转不息。然而，为了将这目的因论的陈年教条彻底推翻，我还要再说几句：这种目的因论把原因当作结果，实是将因果倒置。它把本性上位于前端的东西放置末尾，把最崇高及最完满的东西视为不完满。倘略过因果问题和前后问题（不证自明），根据命题二十一，命题二十二，命题二十三，我们能清楚的是，若是结果由神直接产生，那它便是最完满的，若是结果需借助诸多间接原因才能产生，它便是不完满的。但是，如果由神直接产生的东西是为了使他收获终果，那么后来的东西便是为着先前的东西而创造得来，而最后的东西必然超凡于万物，在一切之上了。

再者，这一教条摈弃了神的完满性，因为，倘若神为了一个具体的目标而行动，那么他所追求的东西必然是他所缺少的。尽管可以确定，神学家和形而上学家曾在需要的目标和同化的目标之间做出区分，他们仍坦诚：神创造万物是为他自己，而不是为造物。除了神自身以外，他们并不能指出还有什么东西先于造物存在，作为神的目标而行动，因此他们又接着说（他们必须承认），神缺少某些东西，故创造工具以得到它们，所以对它们也就有所欲求。

我们不能忽略的是，这项教条的追随者们十分热衷于宣扬目的因论，他们还引进了一种新的辩论方法以证明他们的理论——即不是简化至不可能，而是简化至不知道。这也表明，他们找不到其他可以印证的方法了，他们束手无策了。举个例子说，如果一块石头从屋顶掉落，击中某人的脑袋，这个人就这样被砸死了。他们以新方法来论证道，这块石头之所以掉落，就是为了导致该人的死亡，因为，如果不是神的意志使那块石头掉落，怎么那么多的状况（而且经常有许多同时发生的状况）都恰巧在同一时间发生呢？也许你会回应说，这件事的发生是因为当时天在刮风，风吹落了石头，而这个人只是刚好路过。“可是为什么，”他们追问，“为什么当时会刮风，而那个人恰巧就在那时路过呢？”如果你再回答，之所以当时起风，是因为此前一天海上有风浪，而以往风和日丽，并无异常，那个人受一位友人之邀，前去做客，他们还是继续追问：“可为什么海上会起风浪，为什么那人偏那时受到邀请呢？”他们锲而不舍地从一个原因追问到另一个原因，直到你缴械投降，避难于神的意志——换言之，神的意志是无知的避难所。再如，他们审视人体的构造时，大为惊愕。面对如此精妙的艺术作品，他们对其原因一无所知，便妄下定论：人体的构造是特意塑造而成的，这种塑造不是机械意义上的，而是经由神圣且超自然的技艺，将人体的各部分组装在一起，并使它们互不干扰，各行其是。

由此，倘若有人探求神迹的真正原因，并且基于其为一种有智的存在，力求领悟自然中的现象，而不像一个笨蛋只会盯着它们发呆，他们便会遭受贬谪，会被斥责为一个虚伪的异教徒，而冠他们以罪名的正是那些众所尊为自然与神之释义者的人。这些人心知肚明，一旦戳破无知的假面，他们仅有的赖以证明并稳固权威的方法便不攻自破，而惊奇也会烟消云散，但我暂且不再叙述，直接来到我的第三个观点。

人类说服自己说，万物之所以被创造都是为了人类，他们必定认为那些对人类最有用的东西便是最具价值的东西，从而格外看重那些最给人裨益的东西。基于对自然万物的不同释义，他们形成了抽象的观念，例如善良、邪恶、有序、混乱、温暖、寒冷、美丽、畸形，如此等等，又依照人类是自由的这一信念，形成了赞颂与责令，功绩与罪过等这类观念。

关于后者，我将于下文探讨人之本性时再次论及。关于前者，我在这里简短地阐释一下。

倘若事物益补于健康，加深人类对神的崇敬，人们便称它们是好的，而若事物对这两者不促反阻，人们便称它们是坏的。有些人不能理解事物的本性，不论怎样都无法看清事实，只勉为其难地进行想象，而把想象误认为是理解。他们坚信，事物中自有秩序，这着实是对事物及其本性的无知。因为现象是这样的东西：现象在我们的感官里留下印象，若是这印象仅需略微的想象便可轻易记住，我们便称它们为有序，反之，我们便称它们为无序或混乱。再者，我们能够容易想象的事物，总能给我们带来愉快，故人类喜爱有序甚于混乱——就好像说自然本就有序，而不是我们以想象附加给它的——人们还说，神于有序中创造万物。他们一无所知，只一味地将想象赋予神，除非他们认为，神早就预见了人类的想象，而规划万物以迎合人类的想象。倘若这就是他们的理论，他们可能并没有意识到，自然中有无数多的现象远远超出了我们的想象，同时也有其他例子足显人类想象的弱点。对于这个话题，我们说得足够多了。其他抽象的观念仅是想象的模式，于不同的模式中，想象也会呈现不同的样貌，然而愚昧之人竟把它们当成事物的主要属性，因为他们相信，万物是为人类而造，而且，他们凭借事物给人的感觉，标榜它们是好还是坏，是健康还是腐败。例如，倘若所见物体的活动传递给神经的有益于健康，我们便称这物体是美丽的，反之，若无益，我们便称物体是丑陋的。

此外，若事物经嗅觉由我们感知，我们便以芳香或恶臭来形容它们；若经由味觉，则以甘甜或苦涩，浓重或清淡来形容；若经由触觉，则以坚硬或柔软，粗糙或顺滑来形容，如此等等。

而经双耳给我们以感受的，有噪音、音乐及和声。对于这一点，竟有人荒唐地认为，神也青睐于和声。另有些哲学家声称，天体的运行轨迹中，也有和声的规律——以上所举的例子充分显示了，每个人都按自己的思想状态来判断事物，或者说，人们把自己的想象加诸事物，以致误解。于是，如我们所见，争论四起，众说纷纭，最终导致怀疑主义，这便不足为奇了。因为，尽管人类的身体于许多方面都相同，而于另外一些方面却仍存有差异。故一个人觉得好的，另一个人看来就觉得坏；一个人觉得有序的，另一个人看来就觉得混乱；而能取悦一个人的，却能使另一个人厌恶；彼之蜜糖，吾之砒霜，如此等等。我便不再举例，这种体验人人都有，无须赘述。人们常说："人各有志，志各不同，每个人都有自己的一套想法，萝卜青菜，各有所爱。"这些俗语都是在说，人根据各自的心理倾向来判断事物，宁可空想，也不愿理解，因为，倘若他们能理解现象，就算不能产生兴趣，也会像信服数学家们的论证那样，相信我所陈述的观点。

现在我们明白，所有对自然的普遍解释都只是人类想象的产物，并不表明事物的真正本性，只能表明想象的内容，并且，尽管这些解释都有名有据，就好像它们是脱离想象的独立存在物，而我仍要称它们是想象中的独立存在物，它们并不是真正的独立。因此，若有基于这些空想的观点站在我们的对立面，我们轻易便可驳回。

就像很多人这样问：若是一切事物都源于神之绝对完满的本性的必然性，那为什么自然中仍会有如此之多的不完满？何以事物腐败堕落至发霉、可憎的畸形、混乱、恶行，罪过，等等。正如我所说，这些理论者轻易就能被驳倒，因为若要考量事物的完满性，我们只能求索于事物自身的本性和力量，而不论是取悦还是触犯人类的感官，不论是提供效益还是招致厌恶，事物的完满性都不因此或增或减。也有人问：为何神创造人类，却不使他们受理性支配，按理性行事呢？我只能这样回答：因为神并不缺少用以造物的东西，也无所谓造物的完满性于至高与至低之间取何种程度，或者更严格地讲，神之本性的法则甚为广渺，足以创造出无限智慧所包罗的一切，正如我在命题十六所论证的那样。

以上便是我承诺过要指出的误解，同时予以驳斥，倘若还有其他类似的误解，只消略微思索，任何人都能消疑解虑，茅塞顿开。

第二部分
论心灵的本性和起源

序　言

现在，我将继而阐释那些必然源于神之本质或必然源于永恒无限的存在之本质的东西。我并非要阐释所有源于神之本质的东西（因为我们在第一部分，命题十六中已经证明，依据神之本性的必然性，可以按无限种方式得到无限多的事物），而只阐释那些就像牵着我们的手一样，引领我们触及有关人类心灵及其最高福祉的知识的东西。

定　义

（一）物体，我意指，以某种确定的方式表示神之本质的模式，这是就神作为一种有形的事物而言的（参见第一部分，命题二十五，推论）。

（二）我认为，若一件事物有了本质，那么这件事物必然得以存在，若一件事物没有本质，那么这件事物则必然不得存在，换言之，若有事物无本质，那么事物既不能存在也不能通过设想而来，若有本质无事物，那么本质既不能存在也不能通过设想而来。

（三）观念，我意指，由思考着的心灵产生的精神概念。

说明 之所以说概念而不说知觉，是因为知觉一词看起来暗示心灵之于对象是被动的，然而概念一词看起来表示了心灵的一种主动。

（四）确切观念，我意指，在自身内考察而不与对象产生联系的观念，它具有真观念的一切性质或内在标志。

说明 之所以说内在标志，是为了隔离那些外在标志，即观念及其对象（客观现实）的一致。

（五）时长只是存在的不确定的延续。

说明 之所以说不确定，是因为时长并不能由存在事物的存在本身而决定，亦不能由其动力而决定，而其动力因必然给予事物以存在，却不能废除事物的存在。

（六）在我看来，真实性与完满性的含义是相同的。

（七）特定事物，我意指，有限且其存在受到约束的事物，但是，倘若多个特定事物在一个行动上保持一致，以至于这些事物同时为一个原因的结果，那么我暂且将它们共同视为一个特定事物。

公 理

（一）人之本质并不包含必然的存在，即在自然秩序中，这个人或那个人可以存在或不存在。

（二）人会思考。

（三）除非这个人有对喜爱、追求等的对象的观念，否则思维的众多模式，例如爱情、欲望，或任何其他的激情，都不会在他身上生成，但观念是可以脱离任何其他思想之模式而存在的。

（四）我们可以感知，一个身体受到来自多方面的作用。

（五）除了身体和思想之模式，我们不能感觉或感知到其他特定的事物。

注：公设将于命题十三之后给出。

命　　题

命题一　思想是神的一种属性，或者神是思考着的事物。

证明　特定的思想，或这个思想和那个思想，都是以某种受到约束的方式表达了神之本性（据第一部分，命题二十五，推论）。因此，神拥有的属性之概念包含于一切特定的思想中，且特定的思想正是从这概念中设想而来。故思想是神之无限属性中的一种属性，它表达了神之永恒无限的本质（据第一部分，定义六）。换言之，神是思考着的事物。此证。

注释　该命题依据这一事实：我们能够设想一个永恒无限的存在，也可以得证，若一个思考着的存在所思考的思想越多，那么它具有的真实性和完满性也就越多，因此一个能以无限种方式思考无限多的事物的存在，于思想上它必然是无限的，所以，单从思想出发，我们设想一个无限的存在，思想必然（第一部分，定义四和定义六）是神之无限属性中的一种属性，如我们想要证明的那样。

命题二　延展是神的一种属性，或神是能延展的事物。

证明　该命题的论证与前命题相同。

命题三　在神之内，必然有神之本质的观念，也有源于其本质的一切事物的观念。

证明　神（据本部分命题一）能以无限种方式思考无限多的事物，或（同一回事，据第一部分命题十六）神能形成其本质的观念，也能形成必然从其本质而出的一切事物的观念。一切在神之力量内的东西都必然存在（据第一部分，命题三十五）。因此，这种观念我们认为是必然存在的，且仅能于神之内存在。此证（据第一部分，命题十五）。

注释 大部分人认为神之力量就是神之自由意志，是于存在的万物之上的权利，又普遍将万物视为是偶然的。这就是说神有毁灭一切事物的力量，能将它们削减至虚无。再者，人们常把神之力量比作王之力。不过，我们已经驳斥过这一信条（据第一部分，命题三十二，推论一和推论二），我们也证明了（据第一部分，命题二十六）神的行动和自我参悟所依照的是相同的必然性，换言之，神凭借神圣本性的必然性（众所公认）而自我参悟，而神也凭借相同的必然性，以无限种方式做出无限种行动。我们进一步展示（据第一部分，命题三十四）神之力量与神之本质是合为一体的，因此我们不可能设想神是没有行动的，也不可能设想他是不存在的。倘若我们对这个命题再深究一些，我便要指出，人们赋之于神的力量通常不仅是人的力量（意思是，人们将神设想为人，或类似于人），而且还包含了一种对力量的否定。然而，我不愿总是在重复说明同一个论点，我只一再恳请读者们，反复思索我在第一部分中从命题十六到结尾所讲述的内容。若是一个人想要真正理解我的意思，那么他定要小心，勿将神之力量与人之力量或国王的权力混为一谈。

命题四 有无限多的事物以无限种方式从中而出的神之观念只能有一个。

证明 无限智慧只能理解神之属性和神之样态（据第一部分，命题三），不能理解其他东西。现神只有一个（据第一部分，命题十四，推论）。因此，有无限多的事物以无限种方式从中而出的神之观念只能有一个。此证。

命题五 就神被视为一个思考着的事物，而不是由任何其他属性呈现而言，观念的现实存在只以神为其原因，也就是说，就神本身是思考着的事物而言，神之属性和特定事物的观念并不以观念的对象（ideata）或被认知的事物为动力因。

证明　根据本部分命题三来看，该命题是很清楚的。我们得出结论，神能形成神之本质的观念，也能形成必然源于神之本质的一切事物的观念，单只是因为神是思考着的事物，并不因为神是他自身观念的对象，因此，就神是思考着的事物而言，观念的现实存在只能以神为原因。另一种论证如下：观念的现实存在（显然）是思想的模式，即（第一部分，命题二十五，推论）就神是思考着的事物而言，这种思想的模式以一种确定的方式表达了神之本性，因此（据第一部分，命题十）也并不包含其他神之属性的概念，因而也只是思想这一属性的结果，并非其他属性的结果。因此，就神被视为一个思考着的事物而言，观念的现实存在只以神为其原因。此证。

命题六　就凭借模式所依附的属性来考量神而言，而不凭借任何其他的属性来考量神而言，任何既定属性的模式都是以神为原因的。

证明　每一个属性都由自身设想而来，并不借助于其他属性（据第一部分，命题十），因此每一个属性的模式都包含该属性的概念，而并不包含其他属性的概念。因此（据第一部分，公理四），就凭借模式所依附的属性来考量神而言，而不就凭借任何其他的属性来考量神而言，任何既定属性的模式都是以神为原因的。此证。

推论　因此，若事物并非思想的模式，那么事物的现实存在就不产生于神圣的本性，因为本性在事物存在之前就已了解事物了。出于事物的特定属性的观念与出于思想属性的观念，它们拥有相同的产生方式，也拥有相同的必然性。

命题七 观念的顺序和联系与事物的顺序和联系相同。

证明 根据第一部分，公理四，该命题是很清楚的。因为，若一件事物拥有原因，那么这件事物的观念依赖对原因的了解，同时，这件有原因的事物便是结果。

推论 由此可得，神之思想的力量与神之行动的实现力量等同——也就是说，于延展（formaliter）的世界中，一切产生于神之无限本性的事物，都于思想（objective）的世界中以相同的顺序和联系产生于神之观念。

注释 在进一步展开论述以前，我想回顾以上已经指出的——即，由无限理智所能知觉的一切事物组成了实体的本质，这些事物都只属于一个实体，因此，思想的实体和延展的实体是同一个实体，有时凭借这一属性去理解，有时凭借那一属性去理解，所以，延展的模式与那个模式的观念也是同一件东西，只是以两种不同的方式显示而已。那些犹太人似乎隐晦地承认了这一真理，他们坚称，神、神之理智及神领悟的万物都是同一的。例如，于本性中存在的圆和于神之内存在的圆的观念是同为一物的，只是它们借以展现的属性不同而已。因此，不论我们是凭借延展的属性来理解自然，还是凭借思想的属性来理解自然，又或是凭借任何其他的属性来理解自然，我们都会得到相同的因果序或相同的因果链——即在这两种情况下，事物都是相同的。

我说神是观念的原因——例如，若神是圆形的观念的原因，是就神是思考着的事物而言的。若神是圆形的原因，是就神是延展的事物而言的，这样说仅仅是因为，只有通过其他思想的模式，圆形观念的现实存在才能被知觉为近因，而这一思想的模式又只能通过其他思想的模式被知觉，以此无穷类推，所以，只要我们将事物视为思想的模式，我们只能通过思想的属性来解释整个自然的秩序或整个因果链。一样的，若我们将事物视为延展的模式，我们便只能通过延展的属性来解释整个自然的秩序或整个因果链。若我们将事物视为其他属性的模式，那么我们也只能通过其他的属性来解释整个自然的秩序或整个因果链。只有神才是事物自身的真正原因，这是就神由无限属性组成而言的。对于这一说法，我解释的不能再清楚了。

命题八 不存在的特定事物或模式的观念，必定包含于神之无限观念中，正如特定事物或模式的形式上的本质包含于神之属性中。

证明 从前命题来看，该命题是很清楚的，从前命题的注释来看，该命题就更好理解了。

推论 因此，除非特定事物包含于神之属性中，否则它们是不存在的，那么除非神之无限观念是存在的，否则特定事物于思想或观念中的表象也是不存在的。当特定事物包含于神之属性中，或其能够延展时，它们是存在的，它们的观念也会包含存在，凭借这种存在它们才能够延展。

注释 如果任何人想依据一个例子来更清楚地理解这一问题，恐怕任何例子都不能阐释得足以明白，因为我讨论的东西是绝无仅有的，然而，我还是要举个例子，并尽我所能来进行说明。比如，圆形有这样一种性质：倘若有无数条直线于圆中垂直相交，那么由这些直线截成的线段组成的直角必然彼此相等，因此，便有无数相等的直角包含于这个圆形之中。然而，除非这个圆形存在，否则这些直角都不能说是存在的；除非这些直角的观念包含于圆形的观念中，否则这些直角的观念也并不存在。现在我们假设，在这无限数量的直角中，有两个直角是存在的，而这两个直角的观念的存在，既基于这两个直角包含于圆形的观念中，也基于它们包含着那些直角的存在，因此，这两个直角的观念便与其余直角的观念区分开来了。

命题九 一个现实存在的特定事物的观念只以神为原因，这不是就神是无限的而言，而是就将神视为受另一个现实存在的事物的观念所感触而言，而该现实存在的事物也是以神为原因的，这也是就神受第三个现实存在的事物的观念的感触而言，如此无限类推。

证明 一个现实存在的特定事物的观念是思想的一种特定模式，这一模式与其他模式不同（据本部分命题八的推论和注释），因此（据本部分的命题六）就神是思考着的事物而言，这一模式是以神为原因的，但并不（据第一部分，命题二十八）就神是绝对的思考着的事物而言，而只就视神为受思想的其他模式所感触而言，同时，神也是思想的其他模式的原因，也就他受第三个模式的感触而言，以此无穷类推。现在，观念的顺序和联系（据本部分命题八）与原因的顺序和联系相同。因此，就视神为另一个观念的样态而言，一个既定的特定观念以另--个特定观念或神为原因，而就神由另外一个观念所感触而言，这第二个观念也以神为原因，以此无穷类推。此证。

推论 就神拥有该特定对象的观念而言，发生于任何观念的特定对象内的一切，其知识都存在于神之内。

证明 发生于任何观念的对象中的一切，其观念在神之内（据本部分，命题三），这并非就神是无限的而言，而是将神视为受一个特定事物的其他观念所感触而言（据前命题），但是（据本部分命题七）观念的顺序和联系与事物的顺序和联系相同。因此，就神拥有该对象的观念而言，发生于任何特定对象中的知识都将存在于神内。此证。

命题十 实体的存在不属于人之本质——换言之，实体并不组成人的现实存在。

证明 实体的存在包含必然的存在（据第一部分，命题七），因此，如果实体的存在属于人之本质，便认同了实体的存在，也就必然认同了人的存在（据第二部分，定义二），因此，人必然存在，而这是不合理的。因此，实体的存在不属于人的本性。此证。

注释 该命题也能由第一部分命题五来证明，这一命题论证了，宇宙中没有具有相同本性的两个实体，既然有很多人存在，那么组成人的现实存在的并不是实体的存在。再来，借助于实体的性质，该命题也很清楚明白——即依据实体的本性，实体是无限的，永恒不变的，不可分的，等等，这一点每个人自己就能明白。

推论 由此可得，人之本质由确定的人之属性的样态组成，因为（据前命题）实体的存在并不属于人之本质，因此（据第一部分，命题一）人之本质是在神之内的东西，脱离了神，人之本质既不能存在也不能设想而来，或人之本质是以某一受到约束的方式表达神之本性的样态（据第一部分，命题二十五，推论）或模式。

注释 每个人都必须承认，脱离了神，任何事物都不能存在或设想而来，神是万物之本质及万物之存在的独一无二的原因，即，神不仅是万物被创造(secundum fieri) 的原因，也是万物存在(secundum esse) 的原因。

与此同时，许多人断定，一件事物脱离了该物的本质便不能存在，也不能设想而来，因此他们相信，要么神之本性与创造而成的事物的本质有关，要么创造而成的事物可以脱离神而存在或通过设想而来，更可能的是，他们持有的是一种前后矛盾的观点。我认为，造成这种混淆的原因主要是，他们并没有遵照哲学思考的正确顺序。就神之本性先于知识的顺序及自然的秩序而言，他们最先考虑的便应是神之本性，但他们却把它放在知识顺序的最后，而把他们称为感官对象的东西放在最前，由此，当他们考察自然现象时，从不注意神圣的本性，到后来，他们研究神圣的本性时，又不能借助于最初的假设。尽管他们一叶障目，凭这些假设就以为自己了解自然现象的全部知识，实际上这些假设对于理解神圣的本性毫无益处，所以我们对这些人天马行空般的自相矛盾也就不足为奇了。

然而，现在我想先略过这一点。我只想说一下为什么不谈，也就是若脱离了属于一件事物的本质的东西，这件事物便不能存在或通过设想而来。特定事物脱离了神便不能存在或通过设想而来，然而神却不属于特定事物的本质。我说过："我认为，若一件事物有了本质，那么这件事物必然得以存在，若一件事物没有本质，那么这件事物则必然不得存在。换言之，若有事物无本质，那么事物既不能存在也不能通过设想而来，若有本质无事物，那么本质既不能存在也不能通过设想而来。"（据第二部分，定义二）

命题十一　组成人类心灵的现实存在的最初要素，是某种实际存在的特定事物的观念。

证明　人之本质（据前命题的推论）由神之属性的某些模式组成，即（据第二部分，公理二）由思想的模式组成，于本性上说，观念总是先于所有的这些思想的模式（据第二部分，公理三）。若一个个体有了观念，那么其他的模式（于本性上说，观念总是先于这些模式）便随之来到此个体（据同一公理）上。因此观念是组成人类心灵的最初要素，但是这里并非指一个不存在的事物的观念，因为若是指一个不存在的事物的观念，那么（据第二部分，命题八，推论）这个观念本身便不能称为存在，因此这个观念必定是某种实际存在的事物的观念。但是，这个实际存在的事物又不是无限的，因为一个无限的事物（据第一部分，命题二十一，命题二十二）必然总是存在着的，这就（据第二部分，公理一）不合理了。因此组成人类心灵的现实存在的最初要素，是某种实际存在的事物的观念。此证。

推论　由此可得，人类心灵是神之无限理智的一部分，因此当我们说，人类心灵感知这或感知那，我们就是做出断言，神拥有这个或那个观念，这不是就神是无限的而言，而是就神通过人类心灵的本性呈现出来而言，又或是就他组成了人类心灵的本质而言。同时，当我们说神拥有这个或那个观念，不仅是就他组成了人类心灵的本质而言，也是就他同时与人类心灵拥有其他事物的深远观念而言，故我们声称，人类心灵只是部分地或不正确地感知事物。

注释　到了这儿，我担心读者会稍作停顿，思绪万千，心乱如麻，踟蹰不前，因此，我请求读者们尾随我一步一步向前推进，在未读完本书之前，莫要过早地评论。

命题十二　发生于组成人类心灵的观念的对象中的一切，必定由人类心灵所感知，或者人类心灵中必然有上述发生的观念，也就是说，倘若组成人类心灵的观念的对象是一具身体，那么发生于这具身体上的一切都能由心灵所感知。

证明　发生于任何观念的对象中的一切，其中的知识必然在神之内（据第二部分，命题九，推论），这是就将神视为受到上述对象的观念的感触而言的，也就是说（据第二部分，命题十一），就神组成了任何事物的思想而言的。因此，发生在组成人类心灵的观念的对象中的一切，其中的知识必然在神之内，这是就他组成了人类心灵的本质而言，也就是说（据第二部分，命题十一，推论），上述发生的知识必然在心灵内，换言之，心灵能够感知它。

注释　根据第二部分，命题七，这一命题是明白的，也更加清楚易懂。

命题十三　组成人类心灵的观念的对象是身体，换言之，是某种真实存在的延展的模式，而别无其他。

证明 如果身体确实不是人类心灵的对象，就神组成我们的心灵而言，身体的样态的观念将不在神之内（据第二部分，命题九，推论），而就神组成其他事物的心灵而言，身体的样态的观念又将在神之内了，也就是说（据第二部分，命题十一，推论）身体的样态的观念并不在我们的心灵中，可现在我们确实拥有身体的样态的观念。因此组成人类心灵的观念的对象是身体，而身体是实际存在的（据第二部分，命题十一）。再者，如果除了身体外有任何其他组成心灵的观念的对象，那么，正如之前论证过的，倘若一件事物拥有原因，那么从这件事物的本性中必定能得出某种结果（据第一部分，命题三十六），我们的心灵中必然有一个观念，而这一观念是另一个对象的结果（据第二部分，命题十一），但是（据第一部分，公理五）现在并没有这样的观念。因此，我们心灵的对象只有存在着的身体，而别无其他。此证。

注释 因此我们不仅了解了人类的心灵联结着身体，也了解了心灵与身体的联结的本性，然而，除非一个人能先正确认识我们身体的本性，否则他便不能充分而清楚地了解这一点。到目前为止，我们所论证过的命题都是很普遍的，不论是对于人，还是对于其他个体事物，都同样适用，而不论是人还是其他个体事物都是具有生命力的，只是程度不同而已，因为万物的共同观念必然在神之内，而这个观念以神为原因。同样的，人类身体的观念也必然在神之内，该观念也以神为原因。因此，我们所讨论的关于人类身体的观念的一切，必然也是我们所讨论的关于其他事物的观念的一切。还有，从另一方面来说，我们不能否认的是，观念就像对象一样，一个不同于一个，一个观念比另一个观念更优秀且包含更多的真实，正如一个观念的对象比另一个观念的对象更优秀且包含更多的真实。

因此，为了判定人类心灵到底于哪些方面不同于其他事物，又于哪些方面优于其他事物，对我们来说很必要的一件事，便是了解人类心灵的对象的本性，即人类身体的本性。这种本性是什么，这里我不方便解释，也没有必要解释，因为我给出了证明，所以我只是大概地说一说，若任何既定的身体比其他的身体更能同时做出行动或接收印象，那么按照相同的比例，与之相联结的心灵便要比其他的心灵更能同时形成对事物的知觉；若一具身体的行动越多依赖它自身，那么其他事物就越少参与到它的行动中，与之相联结的心灵也就越能清晰地理解它。这样我们便认识到一个心灵之于其他心灵的优越性到底何在，也将进一步探究为何我们对自己的身体仅有如此混乱的了解，以及其他类似的问题，我将于接下来的命题中推论出它们的原因。因此我认为以上所述的观点值得严谨清晰地解释及证明。为了达到这一目的，我必须预先阐明几条关于身体的本性的公理。

公理一　一切物体不是处于运动中，就是处于静止中。

公理二　每个物体都会有时运动得很慢，有时运动得很快。

引理一　物体之间的不同之处在于运动与静止，快速与缓慢，而不在于实体。

证明　这一命题的前一部分是不证自明的，也就是物体之间的区别不在于实体，这一观点根据第一部分的命题五和命题八是很清楚的。根据第一部分命题十五的注释你可以了解得更多。

引理二　一切物体在某些方面是彼此相同的。

证明　一切物体的相同之处在于，它们都包含着同一属性的概念（第二部分，定义一）。再者，一切物体的相同之处也在于，它们的运动都能或快或慢，都能处于绝对的运动或静止当中。

引理三 处于运动或静止中的物体必须由另一个物体决定它的运动或静止，而这另一个物体则由第三个物体决定它的运动或静止，且这第三个物体则由第四个决定，如此无穷类推。

证明 物体是特定事物（据第二部分，定义一），它们之间的不同之处在于运动或静止（据引理一），因此（据第一部分，命题二十八）每一个物体必然由另一个特定事物决定其是运动或是静止，即（据第二部分，命题六）由另一个物体决定，而这另一个物体也（据公理一）处于运动或静止之中，而这个物体也仅能由第三个物体决定其处于运动还是静止之中。这第三个物体也将由第四个物体决定，如此无穷类推。此证。

推论 由此可得，一个处于运动状态的物体会一直持续运动，直到某个其他物体使其处于静止状态。一个处于静止状态的物体会一直保持静止，直到某个其他物体使其处于运动状态。这一点确实不证自明。例如，若我假定一个静止的物体 A，而不考虑其他运动着的物体，那么我能肯定的只有 A 是静止的，而不能肯定关于物体 A 的其他什么。倘若后来发现物体 A 处于运动状态，那么这种运动肯定不是之前静止的结果，因为除了保持静止外，我们不能从 A 的静止中再得出什么其他的结果。换句话说，若给定一个运动着的物体 A，同样只考虑物体 A 而不考虑其他，我们能肯定的也只有物体 A 是运动着的，而并不能肯定关于物体 A 的其他什么。倘若后来发现物体 A 静止了，那么 A 的静止肯定不是之前运动的结果，因为 A 的运动只能导致一个结果：一直持续运动。因此，静止状态必然是由其他事物所导致的，而不是由 A 导致的，即一个外部原因决定了 A 处于静止状态。

公理一 一个物体受另一个物体所感触的一切模式，同时来自能感触的物体的本性及被感触的物体的本性，所以，本性不同的物体能使同一个物体以各种不同的模式运动。换言之，同一个物体也能使不同的物体以各种不同的模式运动。

公理二　当一个运动着的物体撞击到了另一个静止的物体，运动受到阻挡，该物体便要反射出去，以此继续它的运动，而物体反射运动的路线与静止的物体被撞击的平面所形成的角度，与物体入射运动的路线与同一平面所成的角度相等。

到目前为止，我们仅讨论了最简单的物体，这些物体依据运动与静止，快速与缓慢而互相区别，接下来，我们将讨论复合的物体。

定义　若给定任何大小相同或大小不同的物体，这些物体受另外的物体挤压而紧密贴合在一起，或者，若给定任何以相同速度或不同速度移动着的物体，这些物体之间的运动将保持某一固定的联系，那我们便称这些物体是联合着的，它们共同组成一个物体或一个个体，而这个物体或个体便因它是由多数物体联合而成的而与其他物体区别开来。

公理三　随着个体的部分或复合体的部分间贴合在一起的面积或大或小，依据同样的比例，它们从本位上移开的难度也或大或小，因而个体转化为另外一种形式的难度也或大或小。若物体的各部分间紧密贴合的面积较大，便称这些物体为坚硬；若物体的各部分间紧密贴合的面积较小，便称这些物体为柔软；若物体的各部分彼此之间运动着，便称这些物体为流动。

引理四　倘若从一个由多数物体组成的物体或个体中，分离出某些物体，与此同时，同等数量的其他具有相同本性的物体取代了它们的位置，那么这个个体将一如既往地保持其本性，形式（forma）上也不会出现任何的变化。

证明 物体（据引理一）于实体上是无法区分的，组成个体的形式（formam）上的东西是（据前定理）由多数物体联合而成的，尽管物体产生了接连不断的变化，这种联合仍是（据我们的假设）可以维持的，因此，个体于实体和模式上都将一如既往地保有它的本性。此证。

引理五 若组成个体的各部分变大或者变小，而它们彼此之间仍保持相同比例的动静关系，那么个体也将保持其原有的本性，个体的形式也不会出现变化。

证明 与前引理论证相同。

引理六 倘若某些组成个体的物体受到压迫而改变了运动，即它们从原来的运动方向变换到另一个运动方向，但它们仍能继续运动，彼此间也能保持着与之前相同的联系，而个体将保有它的本性，形式上也不会出现任何的变化。

证明 这个命题是不证自明的，因为个体是被假设为保持定义所定而作为其现实存在的一切的。

引理七 此外，由多数物体组成的个体，当它作为一个整体时，不论它是运动着还是静止着，不论它是朝着这一方向还是那一方向移动，只要个体的每个部分都保持着之前的运动，各部分之间也保持着之前的关系，那么这个个体也会保持它原有的本性。

证明 根据引理四之前关于个体的定义，这一命题是很清楚明白的。

注释 因此我们知道，一个复合的个体是如何以不同的方式受到感触，而仍能保持其本性的。到目前为止，我们已经设想了一个由多数物体组成的个体，这一个体于动静与快慢上与其他个体有所区分，也就是说，组成该个体的物体具有最简单的特性。然而，倘若我们设想另一个由具有不同本性的多数个体组成的个体，我们会发现，在不失去其原有本性的前提下，能使这个个体受到感触的方式将成倍增加。这个个体的每个部分都由物体组成，因此（据引理六）在不改变其本性的前下，每个部分都能接受更快或更慢的运动，从而其他部分也将随之运动得更快或更慢。倘若我们再设想第三种个体，该个体由我们刚刚所设想的第二种个体组成，我们会发现，它们会被更多的方式所感触，而它们的形式也不会发生变化。以此类推至无穷，我们便能将整个自然视为一个个体，这个个体的各个部分，即所有的物体，能以无限种方式变化多样，而该个体整体上却无任何变化。若我意图撰写一篇关于物体的专业论文，那么于这一观点上作更细节的解释与论证，我自然无可推卸。但我已经说了，这不是我的目的，我之所以提到这一问题，只是因为于我所论及的范围内，我能轻易证明它。

公　设

（一）人类身体是由许多独立的部分组成的，这些部分的本性各不相同，而每个部分本身也是由复杂部分复合而成的。

（二）组成人类身体的独立的部分，一些是流动的，一些是柔软的，还有一些是坚硬的。

（三）这些个体部分组成了人类身体，即组成人类身体本身的独立的部分，它们以各种不同的方式受外部物体所感触。

（四）人类身体需要许多其他的物体来自我保养，以期持续更迭再生。

（五）当人类身体流动的部分由一个外部物体决定，而常常撞击另外一个柔软的部分，柔软部分的表面便会产生变化，其中会留下撞击的外部物体的印迹。

（六）人类身体能够以各种不同的方式移动外部物体，也能以各种不同的方式支配外部物体。

命题十四 人类心灵能够感知大量的事物，这种能力与人类身体能经受大量的印迹的能力成正比。

证明 人类身体（据公设三和公设六）以多种方式受外部物体所感触，也能以多种方式感触外部物体，但是（据第二部分，命题十二）人类心灵必定能感知发生于人类身体中的一切。因此，人类心灵能够感知大量的事物，这种能力与人类身体能经受大量的印迹的能力成正比。此证。

命题十五 组成人类心灵的现实存在的观念，并不是简单的，而是由大量的观念复合而成的。

证明 组成人类心灵的现实存在的观念是身体的观念（据第二部分，命题十三），这一身体（公设一）由大量的复合的独立部分所构成，但是组成身体的每个独立部分的观念必然在神之内（据第二部分，命题十三，推论），因此（据第二部分，命题八），人类身体的观念由这些组成部分的众多观念而组成。此证。

命题十六 人类身体受外部物体所感触的每个模式的观念，必定包含人类身体的本性，也包含外部物体的本性。

证明 任何既定的物体于其中受到感触的一切模式，都来自受感触的物体的本性，也来自感触的物体的本性（据引理三的推论之后的公理一），因此这些模式的观念也必定包含受感触的物体及感触的物体的本性，因此，人类身体受外部物体所感触的每个模式的观念，必定包含人类身体的本性，也包含外部物体的本性。此证。

推论一 由此可得，第一，人类心灵能感知各种不同的物体的本性，包括感知它自身的本性。

推论二　由此可得，第二，我们所拥有的外部物体的观念，更多显示的是我们自己身体的构造，而不是外部物体的本性。这一点我已经于第一部分的附录中充分阐明过。

命题十七　倘若人类身体以一种方式受到感触，这种方式包含外部物体的本性，人类心灵会视上述外部物体为现实存在或先于它自身而存在，直到人类身体以另外一种方式受到感触，以至于排除上述外部物体的存在或现存。

证明　这个命题是不证自明的，只要人类身体继续因此受到感触，人类心灵就会视身体的样态为现实存在——也就是说，人类心灵将拥有现实存在的模式的观念，而这一观念包含外部物体的本性。换言之，人类心灵拥有的观念并不排除外部物体的本性的存在或现存，而且还假设外部物体的本性的存在或现存，因此，人类心灵（据第二部分，命题十六，推论一）会视外部物体为现实存在，直到人类身体以另外一种方式受到感触。此证。

推论　对于曾经感触过人类身体的外部物体，即使它们不再存在或现存，人类心灵还是能够回想起这些外部物体，好像它们仍旧存在。

证明　当外部物体决定人类身体的流动部分而使它们经常撞击更柔软的部分，它们便改变了柔软部分的表面（据公设五），由此（据引理二，推论后的公理二）它们从另一方向反射出去，而这一方向不同于反射之前所循的运动方向；再者，若之后流动部分以它们的自发运动撞击新的表面，它们反射的方向与由外部物体推压至表面而反射的方向相同，因此，当它们持续做这种反射运动时，它们将像外部物体感触人类身体那样引发相同的感触，人类心灵便会再次认知到——

即（据第二部分，命题十七）心灵也会认为该外部物体存在于当下，而每当人类身体内的流动部分以其自发运动撞击上述表面时，这一情况便会发生。因此，尽管那些曾感触过人类身体的外部物体不再存在，每当上述身体的运动重复时，心灵也会认为这些外部物体于当下存在着。此证。

注释 现在我们知道了，为何我们总是把不在当下的东西视为存在于当下。可能由其他原因也能推得同样的结果，但我认为，对我来说，提出一种可能的解释便已足够，正如我曾阐明其真正的原因。事实上，我不认为自己与真理相隔甚远，因为我所有的设想都建立在公设的基础之上，所有的公设则无一例外建立在经验的基础之上，而我们已论证且感受过，人类身体是存在的（据第二部分，命题十三之后的推论），那么这些公设便无可辩驳。此外（据第二部分，命题七，推论及第二部分，命题十六，推论），我们也能清楚地理解，组成彼得的心灵本质的“彼得”的观念，与另一个人保罗心中彼得的观念有何区别。组成彼得的心灵本质的“彼得”的观念，直指彼得自身身体的本质，只要彼得存在，“彼得”的观念便随之存在，而保罗心中彼得的观念表示的是保罗的身体的性情，而并非彼得的本质，因此当这种保罗的身体的性情一直持续，保罗的心灵便会视彼得为即在当下，尽管彼得其实并不在当下。再者，为了保有常用的措辞，若人类身体的样态的观念向我们展现外部物体，好像它们就在当下，我们便称这些样态为事物的映象，尽管它们并不能再次勾勒事物的形象。当心灵以这种方式看待物体时，我们便称之为想象。这里，为了表明错误何在，我要请大家注意这样一个事实，即从其本身来看，心灵的想象并不包含错误。心灵并不因单纯的想象行动而堕入错误，而只为另一种原因而堕入错误，即缺少能排除这类不在当下而能想象为即在当下的事物的存在的观念。倘若心灵能想象不存在的事物如在当下，同时也意识到它们并不真实存在，这种想象的力量必定要归于其本性的能力，而不是本性中的瑕疵，尤其是这种想象的能力单独地依赖于它自身的本性——即（据第一部分，定义七）这种想象的能力是自由的时候。

命题十八 倘若人类身体曾同一时间被两个或更多物体所感触，后来当心灵想象其中任何一个物体时，它也会立刻回想起其他的物体。

证明 人类心灵（据第二部分，命题十七，推论）能想象任何既定的物体，因为人类身体由一个外部物体的印迹所感触，所调节，而它的某一部分也以相同的方式受上述外部物体的感触，但是（据我们的假说）身体是受到了调节，以至于人类心灵同一时间想象了两个物体，因此，以后面一种情况来看，人类心灵能于同一时间想到两个物体，当它想到了其中一个物体，便会立刻想到另一个物体。此证。

注释 现在我们清楚地知道了什么是记忆。记忆只单单是观念的某种联合，这些联合而成的观念包含人类身体之外的事物的本性，这种观念的联合遵循人类身体中的样态（affectiones）的次序和联合而呈现于人类心灵中。第一，我说的是，记忆只是包含人类身体之外的事物的本性的观念的联合，而并非仅指上述外部物体的本性的观念的联合，因为严格说来，人类身体的样态的观念既包含了人类身体的本性，也包含了外部物体的本性。第二，我说的是，这种观念的联合遵循的是人类身体的样态的次序和联合而呈现于人类心灵中的，这便与遵循理智的次序而呈现于人类心灵的观念的联合有所区别，若依借理智的次序，心灵便可通过事物的主要原因而感知它们，这种情况人人都是一样的。由此我们便进一步清楚地理解了，为什么心灵一想到一件事物，就能立刻联想到另一件事物，而这两件事物之间并无相似之处。例如，一想到苹果这个单词，一个罗马人便立刻想到苹果这种水果，而水果“苹果”与单词“苹果”于发音上并无任何相似甚至共同之处，那么便只有一种情况：这个人的身体常受这两件事物的同时感触，也就是说，当这个人看着水果“苹果”时，也经常听到词语“苹果”。这种从一个思想联系到另一个思想的情况，遵照人排列事物的映象的习惯，对每个人都是适用的。例如，当一个士兵看到沙子中马的足迹，便会想到一匹马，从马又联想到骑马人，接着又联想到战争，等等，而一个农民想到马，便会联想到犁，田野，等等。因此每个人都按照自己的习惯，以这种或那种方式而将事物的精神映象串联起来，如此便有了这套或那套思路。

命题十九 除了通过能感触人类身体的样态的观念，人类心灵并不了解人类身体及其存在。

证明 人类心灵就是人类身体的观念或知识（据第二部分，命题十三），就视神为受一个现实存在的特定事物的另一观念所感触而言，或就（据公设四）人类身体需要许多其他的物体以期持续更迭再生而言，这种观念或知识（据第二部分，命题四）在神之内，同时，这些观念的次序与联合与原因的次序与联合相同（据第二部分，命题七），因此，就视神为受许多特定事物的观念所感触而言，这个观念在神之内。因此，就神受许多其他观念所感触而言，而不就他组成人类心灵的本性而言，神拥有人类身体的观念，或者了解人类身体，也就是说（据第二部分，命题十一，推论），人类心灵并不了解人类身体。但是，就神组成了人类心灵的本性而言，人类身体的样态的观念在神之内，或者说，人类心灵能知觉那些样态（据第二部分，命题十二），因而知觉人类身体为现实存在着，因此，只有通过能感触人类身体的样态的观念，人类心灵才能知觉人类身体及其存在。此证。

命题二十　人类心灵的观念或知识也在神之内并归诸神，正如人类身体的观念或知识那样。

证明　思想是神的一种属性（据第二部分，命题一），因此，在神之内，必然有神自身的观念，也有神之一切样态的观念，因而也有人类心灵的观念（据第二部分，命题十一），再者，这种心灵的观念或知识来源于神，并不就神是无限的而言，而就神由一种特定事物的另一观念所感触而言（据第二部分，命题九），（据第二部分，命题七）观念的次序和联系与原因的次序和联系相同，因此这种心灵的观念或知识在神之内并归诸神，正如人类身体的观念或知识那样。此证。

命题二十一　心灵的观念与心灵的联结正如心灵与身体的联结一样。

证明　我们已论证过，心灵与身体的联结是因为身体是心灵的对象（据第二部分，命题十二与命题十三），出于相同的原因，心灵的观念必须与它的对象相联结，也就是说，心灵的观念必须与心灵相联结，正如心灵与身体相联结一样。此证。

注释　根据我们在第二部分，命题七中所论证的，人们可以更清楚地理解这一命题。在那儿我们揭示了身体的观念和身体，也就是说，心灵和身体（据第二部分，命题十三）是同为一个个体的，这个个体一时通过思想的属性设想而来，一时通过延展的属性设想而来，因此心灵的观念和心灵自身是同为一物的，它们同时都由思想的属性设想而来。我再重复一遍，心灵的观念和心灵自身以相同的必然性在神之内，也以相同的思想的力量产生于神。严格说来，心灵的观念，即观念的观念，就其被设想为思想的模式而不涉及对象而言，仅仅是观念的独特的形式（forma）。倘若一个人知道某件事，他也知道自己知道这件事，与此同时，他知道自己知道这件事，以此无穷类推，这一点我以后再论。

命题二十二 人类心灵不仅知觉人的身体的样态，还知觉这类样态的观念。

证明 样态的观念于神内产生，并归诸神，其方式正如上述样态的观念那样。这与第二部分命题二十的证明方法相同。但是，就神组成了人类心灵的本质而言，人类身体的样态的观念在人类心灵中（据第二部分，命题十二），也就是说，在神之内，因此这些观念将在神之内，这是就神拥有人类心灵的知识或人类心灵的观念而言，也就是说（据第二部分，命题二十一），这些观念将在人类心灵自身，而心灵自身不仅知觉身体的样态，也知觉这类样态的观念。此证。

命题二十三 除非人类心灵知觉身体的样态的观念，否则人类心灵是无法了解自身的。

证明 人类心灵的观念或知识（据第二部分，命题二十）于神内产生，并归诸神，正如人类身体的观念或知识那样。但是，就神组成人类心灵的本质来说，人类心灵无法了解人类身体，也就是说，人类身体的知识并不归诸神，因此，就神组成人类心灵的本质来说，人类心灵的知识并不归诸神，因此（据第二部分，命题十一，相同的推论），到目前为止，人类心灵并没有对自身的知识。进一步说，人类身体于其中受到感触的样态的观念，包含人类身体自身的本性（据第二部分，命题十六），也就是说（据第二部分，命题十三），这些样态的观念与人类心灵的本性相一致，因此这些观念的知识必然包含于心灵的知识，但是（据前命题）这些观念的知识在人类心灵自身之中，因此，人类心灵只有知觉人类身体的样态的观念，才能了解自身。此证。

命题二十四　人类心灵并不包含关于组成人类身体的各个部分的确切知识。

证明　组成人类身体的各部分并不属于那具身体的本质，除非它们能以某种固定的关系互相之间传达运动（据引理三之后的定义），而不是被视为与人类身体没有关系的个体。人类身体的各个部分是由高度复杂的个体组成的（据公设一），这些个体的各部分（据引理四）能从人类身体中分离出来，同时不损害人类身体的本性与特性，这些部分也能以另一种关系将它们的运动（据引理三后的公理一）传达到其他物体上，因此（据第二部分，命题三）每个部分的观念或知识都将在神之内，这是就（据第二部分，命题九）视神受一个特定事物的另一个观念所感触而言，而该特定事物于自然的次序中是先于上述的部分的（据第二部分，命题七）。对于组成人类身体的每个个体的每个部分，我们都能肯定得出同以上一样的东西，因此，就神受许多事物的观念所感触而言，而不就神仅拥有人类身体的观念而言，也就是说，不就神拥有组成人类心灵的本性的观念而言（据第二部分，命题十三），组成人类身体的每个部分的知识都在神之内，因此（据第二部分，命题十一，推论），人类心灵并不包含关于人类身体的确切的知识。此证。

命题二十五　人类身体的每个样态的观念并不包含关于外部物体的确切知识。

证明　我们已经表明，人类身体的一个样态的观念包含该外部物体的本性，这是就该外部物体以一种既定的方式决定人类身体而言。但是，就外部物体是一个与人类身体无关的个体而言，该外部物体的知识或观念是在神之内的（据第二部分，命题九），就视神为受另一个事物的观念所感触而言，该观念于本性中是先于上述外部物体的。因此，就神拥有人类身体的样态的观念而言，关于外部物体的确切知识并不在神之内，换言之，人类身体的样态的观念并不包含关于外部物体的确切知识。此证。

命题二十六 除非通过人类自身身体的样态的观念，人类心灵并不知觉任何外部物体，将其视为为现实存在的。

证明 倘若人类身体决不由一个既定的外部物体所感触，那么(据第二部分，命题七）人类身体的观念，即人类心灵，并不以任何方式受上述外部物体的存在的观念所感触，也不以任何方式知觉该外部物体的存在。但是，若人类身体以任何方式受一个既定的外部物体所感触，人类心灵便能知觉该外部物体。此证。

推论 若人类心灵想象着一个外部物体，那么人类心灵便没有关于该外部物体的正确知识。

证明 当人类心灵通过自身身体的样态的观念看待外部物体，我们会说，人类心灵在想象着该外部物体（参见第二部分，命题十七，注释），而人类心灵只能想象外部物体为现实存在的。因此(据第二部分，命题二十五)，若人类心灵想象着外部物体，那么人类心灵便没有关于这些外部物体的正确知识。此证。

命题二十七 人类身体的每个样态的观念并不包含关于人类身体自身的确切知识。

证明 就视人类身体为以一个既定的方式受到感触而言（据第二部分，命题十六)，人类身体样态的每个观念都包含人类身体的本性。但是，就人类身体是以许多其他方式受到感触的个体而言，人类身体的样态的观念并不包含关于人类身体自身的确切知识。此证。

命题二十八 人类身体的样态的观念，只要其仅与人类心灵有关，它们便不是清晰明显的，而是混乱的。

证明　人类身体的样态的观念既包含人类身体的本性，也包含外部物体的本性（据第二部分，命题十六），那么，它们则必定既包含人类身体的本性，也包含人类身体的部分的本性，因为样态是人类身体的各部分，亦即人类身体的整体受到感触时所呈现的模式（据公设三）。但是（据第二部分，命题二十四，命题二十五），关于外部物体的确切知识，以及组成人类身体的各部分的确切知识，就视神为受人类心灵所感触而言，并不在神之内，而就视神为受其他观念所感触而言，这些知识是在神之内的。就这些样态的观念单与人类心灵有关而言，它们就如同没有前提的结果，也就是说，它们是混乱的观念。此证。

注释　依据同样的方式，如果单就其本身考虑，组成人类心灵的本性的观念则被证明为不清晰、不明显的，亦同此例，人类心灵的观念，及人类身体样态的观念，就它们单与人类心灵有关而言，皆是混乱的观念，对于这一观点，人人易见。

命题二十九　人类身体的每个样态的观念并不包含关于人类心灵的确切的知识。

证明　人类身体的样态的观念（据第二部分，命题二十七）并不包含关于上述身体的确切的知识，换言之，该观念不能确切表达人类身体的本性，也就是说（据第二部分，命题十三）该观念不能确切地与人类心灵的本性保持一致，因此（据第一部分，公理六）人类身体的每个样态的观念并不能确切表达人类心灵的本性，或者说，并不包含关于人类心灵的确切的知识。

推论　由此可得，当人类心灵以自然的一般秩序知觉事物时，它对于自身、人类身体及外部物体的知识都不是确切的，而是混乱残缺的。因为，除非人类心灵知觉人类身体的样态的观念，否则人类心灵是无法了解自身的（据第二部分，命题二十三）。人类心灵仅有通过样态的观念而知觉自己的身体（据第二部分，命题二十四），也仅有通过样态的观念而知觉外部物体，因此，就人类心灵拥有这类样态的观念而言，它对于自身（据第二部分，命题二十九）、人类身体（据第二部分，命题二十七）及外部物体（据第二部分，命题二十五）的知识都不是确切的，而是混乱残缺的（据第二部部分，命题二十八及其注释）。此证。

注释 我说得很明白了，人类心灵对于自身、人类身体及外部物体的知识都不是确切的，而是混乱的，是因为人类心灵不论何时都以自然的一般秩序知觉事物，也就是说，不论何时，人类心灵由外界所决定或由偶然的境况所决定，去考虑这或考虑那，而不是由内在决定或由同时考虑多数事物的事实所决定，去理解这些事物的一致、差异和矛盾之处，所以，不论以何种方式，只要人类心灵由内在所决定，它便能清晰明了地看待事物，我将于下面论证。

命题三十 关于人类身体的时长，我们所拥有的知识是不确切的。

证明 人类身体的时长并不依赖于人类身体的本质（据第二部分，公理一），也不依赖于神之绝对本性（据第一部分，命题二十一），但是（据第一部分，命题二十八）人类身体是受原因所决定而存在或行动的，这些原因同时也以一种固定确有的关系受其他原因所决定而存在或行动，后面这些原因也受其他原因所决定，以此无穷类推，因此，人类身体的时长取决于自然的一般秩序，或者取决于事物的构造，而不论一件事物是如何构造而成的，就神拥有万物的观念而言，不就神只拥有人类身体的观念而言，关于该事物的确切的知识在神之内（据第二部分，命题九，推论）。因此，就仅视神为组成人类心灵的本性而言，在神之内的关于人类身体的时长的知识是不确切的，也就是说（据第二部分，命题十一，推论），人类心灵所拥有的这种知识是不确切的。此证。

命题三十一　关于在我们之外的特定事物的时长，我们所拥有的知识是不确切的。

证明　每件特定事物都如人类身体那样，必定以一种固定确有的关系受另一件特定事物所决定，而这另一件特定事物必定同样受第三件特定事物所决定，以此无穷类推。（据第一部分，命题二十八）正如我们于上一命题中所论证的，根据特定事物的共同性质，我们仅能拥有的关于人类身体的时长的知识是不确切的，而关于特定事物的时长，我们必须拟定一个相似的结论，即，关于在我们之外的特定事物的时长，我们所拥有的知识是不确切的。此证。

推论　由此可得，一切特定事物都是偶然而短暂的。因为我们并没有关于它们的时长的确切观念（据前命题），而我们就是这样来理解事物的偶然性和易朽性的，（据第一部分，命题三十三，注释一）而（据第一部分，命题二十九）除此以外，再没有其他偶然的事物了。

命题三十二　就一切观念都与神有关而言，它们是真实的。

命题　在神之内的一切观念与它们的对象于各方面都一致相同（据第二部分，命题十二，推论），因此（据第一部分，公理六）它们都是真实的。此证。

命题三十三　观念中积极的东西不可能使得它们成为谬误。

证明　如果该命题是否定的，若有可能，请设想一下，一个积极的思想的模式，却组成了谬误的特性，在神之内，是不可能有这样的思想的模式的（据第二部分，命题三十二），而在神之外，这样思想的模式不可能存在或设想而来（据第一部分，命题十五），因此，观念中积极的东西不可能使得它们成为谬误。

命题三十四 每一个在我们之内是绝对的或确切而完满的观念，都是真实的。

证明 当我们说，在我们之内的一个观念是确切而完满的，换言之（据第二部分，命题十一，推论），我们就是在说，就神组成了人类心灵的本质而言，这个观念在神之内是确切而完满的，因而（据第二部分，命题三十二）我们说，这样的一个观念是真实的。此证。

命题三十五 谬误在于知识的匮乏，而这种匮乏必定包含于不确切的、残缺的或混乱的观念。

证明 观念中积极的东西不可能使得它们成为谬误（据第二部分，命题三十三），但是谬误并不是单纯的知识的匮乏（因为我们说的是心灵而不是身体犯错或受到误解），也不是绝对的无知，因为无知与错误并不是同一件事，因此谬误在于知识的匮乏，而这种匮乏必定包含于不确切的、残缺的或混乱的观念。此证。

注释 根据第二部分，命题十七的注释，我解释了错误如何包含着知识的匮乏。为了使这一观点更加明了，我将给出一个例子。例如，人们总是误认为自己是自由的，他们意识到自己的种种行为，却不知道他们由什么原因所决定而做出这些行为，因此，他们对于自由的观念只是一种对自身行为的原因的无知。至于他们说，人类行为取决于人类的意志，这仅仅是未经思考的随口胡诌。什么是人类意志，人类意志是如何驱动身体的，他们没人知道。那些对这一观点夸夸其谈，擅自为灵魂筑建屋宇的人，常常招致嘲讽或厌恶。还有，当我们看向太阳，我们会想象它距我们大约两百英尺远。这种错误并不只存在于幻想中，也存在于一个事实中：当我们想象时，我们并不知道太阳与我们之间的真实距离，也并不了解幻想的原因。因为，尽管后来我们获悉，太阳与我们之间的距离要超过地球半径的六百倍，我们仍旧想象着太阳就在我们附近，这并不是因为我们不知道太阳与我们之间的真实距离，而是因为，就我们的身体受太阳所感触而言，人类身体的样态包含了太阳的本质。

命题三十六 不确切的和混乱的观念具有相同的必然性，正如确切的或清晰的观念那样。

证明 一切观念都在神之内（据第一部分，命题十五），这些观念与神有关，它们是真实（据第二部分，命题三十二）而（据第二部分，命题七，推论）确切的，因此，除非涉及一个特定的人类心灵，否则是没有混乱的或不确切的观念的（参见第二部分，命题二十四及命题二十八），故一切观念，不论它们是确切的还是不确切的，它们都具有相同的必然性（据第二部分，命题六）。此证。

命题三十七 之于万物是共同的东西（参见上述引理二），且之于部分和整体都是均等的东西，不能组成任何特定事物的本质。

证明 如果该命题是否定的，若有可能，请设想一下，这种东西组成了某个特定事物的本质，例如组成了B的本质，那么（据第二部分，定义二）脱离了B，它便不能存在或设想而来，但这是有悖于我们的假设的。因此它并不属于B的本质，它也不能组成任何特定事物的本质。此证。

命题三十八 之于万物是共同的东西，且之于部分和整体都是均等的东西，只能确切地设想而来。

证明 假设A之于万物是共同的，且之于任何既定物体的部分和整体都是均等存在的，而我说，A不能确切地设想而来。因为，A的观念于神之内必然是确切的（据第二部分，命题七，推论），这既是就神拥有人类身体的观念而言，也是就神拥有人类身体的样态的观念而言，而人类身体的样态的观念（据第二部分，命题十六，命题二十五，命题二十七）部分地包含人类身体的本性及外部物体的本性，也就是说（据第二部分，命题十二，命题十三），就神组成了人类心灵而言，也就神拥有人类心灵中的观念而言，于神之内的观念必然是确切的。因此，人类心灵（据第二部分，命题十一，推论）必然能确切地感知 A，并拥有这种确切的知觉，这既是就人类心灵能感知自身而言，也是就心灵能感知自己的身体及感知外部物体而言，此外 A 不能以任何其他的方式设想而来。此证。

推论 由此可得，某些观念或概念是人们所共有的，因为（据引理二）一切物体于某些方面是相同一致的，人们必定确切地或清晰明了地感知着这些相同的方面。

命题三十九 之于人类身体及常常感触人类身体的其他物体是共同且特有的东西，且之于部分或整体是均等存在的东西，人类心灵对其表现出一个确切的观念。

证明 倘若 A 之于人类身体及外部物体是共同且特有的东西，且之于人类身体及上述外部物体的部分或整体是均等存在的，那么 A 的确切的观念将在神之内（据第二部分，命题七，推论），这既是就神拥有人类身体的观念而言，也是就神拥有既定的外部物体的观念而言。再假设，倘若人类身体通过与外部物体所共有的东西，即 A 而由该外部物体所感触，这个样态的观念将包含特性 A（据第二部分，命题十六），那么（据第二部分，命题七，推论）就这一点而言，这个在神之内的样态的观念是确切的，这是就神由人类身体的观念所感触而言，也就是说（据第二部分，命题十三），就神组成了人类心灵的本性而言。因此（据第二部分，命题十一，推论），这个观念于人类心灵中也是确切的。此证。

推论　由此可得，人类身体与其他物体的共同之处越多，人类心灵所能确切知觉的事物也会随之增多。

命题四十　源于人类心灵中的确切观念的一切观念，它们自身也是确切的。

证明　该命题不证自明。因为，当我们说源于人类心灵中的确切观念的一个观念时，换言之，我们就是在说，一个在神圣理智内的观念，这个观念以神为原因，不是就神是无限的而言，也不是就神受许多特定事物的观念的感触而言，只就神组成人类心灵的本质而言。

注释一　于是我便解释了，那些概念之于人类是共同的且形成我们推论的基础的原因了。当然也有其他的原因，不过，如果用我们的方法来解释，便能达到我们的目的：这样，我们就能知道，什么概念比其他概念更有用，而什么概念几乎一点用处都没有。此外，我们还知道了什么概念是人类所共有的，什么概念之于那些不缚于偏见的人是清晰明了的，也知道了，对于那些无凭无据的概念，我们应该追根求源，探究到底。再者，我们应辨明那些被称为“次要概念”的概念于何处起源，以及形成这些概念所基于的公理，还有其他与该问题有关的有趣的观点。不过，我还是决定先略过这一观点，部分是因为我已将该观点放置于另一论著中讨论，部分是因为我担心论述过于冗长而使读者们疲乏不堪。然而，为了不忽略那些有必要为我们所了解的东西，我将简要解释一下，那些被称为“先验”的术语，如“存在”“事物”“某物”起源于哪些原因。这些术语源起于这一事实：受到限制的人类身体在自身内于同一时间仅能清晰地形成固定数量的映象（什么是映象我已于第二部分，命题十七，注释解释过）。如果超过了这个固定数量，映象便会变得混乱；如果大大超过了人类身体所能同时形成的清晰映象的数量，所有的映象便会混作一团，彼此不分。既然如此，可以清楚的是（据第二部分，命题十七，推论，及命题十八），人类心灵与人类身体能同时清晰地想象出相同数量的许多事物。当映象在人类身体内变得相当混乱时，人类心灵也将不作分辨且混乱地想象所有物体，它会凭借一种属性，即存在的属性，事物的属性，等等，去理解所有的物体。基于映象并不总是一样鲜明的这一事实，或基于其他类似的原因，也能得出与以上相同的结论，这里我便毋庸赘述，因为若要达到我们的目的，只探究这一个原因便足以。所有的原因都能归结于这一点：这些术语表现的是最高混乱级的观念。从这些相似的原因中产生了我们称为“共相”的概念，比如人、马、狗，等等。例如，人类心灵中同时形成了许多人的映象，以至于想象的力量开始溃散，虽未完全分崩离析，但已到了心灵无法关注个人（例如肤色、身材等）之间的细微差别及固定数量的程度，如此，心灵便只能清晰地想象所有人都由之受到感触的相同之处。这便是问题的关键，上述个人都主要感触着人类身体，于是心灵便用名字“人”来表示身体，也同样以此方式来概述无限数量的特定的个人。因为，正如我们所说，心灵是无法想象固定数量的个人的。然而，我们必须清楚，这些共相概念并不是由人类以相同的方式所形成的，它们随人类身体所受感触的频度不同及心灵想象或回忆的难易程度不同而于个人中变化着。例如，那些常以欣赏的眼光看待人类身材的人，一提及“人”便想到身姿挺立的动物，而那些习惯于以其他属性看待人类的人，则形成一种不同的关于人的一般映象。例如，会笑的动物，对足而无羽毛的动物或理性的动物，等等，故每个人都能依据自己身体的习惯而形成关于事物的一般映象。如此说来，一些哲学家们仅凭借事物的映象来解释自然万物，由此争论四起，便不足为奇了。

注释二　依据以上所说，可以清楚的是，很多时候，我们能知觉事物，且形成关于它们的一般概念：

(1) 根据特定事物通过我们的五感而残缺地、混乱地且无序地呈现于我们理智中而形成的概念（据第二部分，命题二十九，推论），我便常以“单纯从经验的暗示中得来的知识”称呼这些知觉。

(2) 根据事物的标志，即当我们读到或听到某些词语，我们便能想起事物，并形成有关它们的某些类似于我们可以凭借来想象事物的概念（据第二部分，命题十八，注释）。我将称这两种看待事物的方式为第一种知识、观点或想象。

(3) 根据这一事实：我们拥有人类所共有的概念，也拥有关于事物特性的确切观念所形成的概念（据第二部分，命题三十八的推论，命题三十九及其推论，命题四十），我称之为理性或第二种知识。

除了这两种知识外，还有第三种知识，我们称之为直觉，我将进行如下阐述：这种知识是始于神之某些属性的绝对本质的确切观念，推进至事物的本质的绝对知识。我将用一个例子来详细说明这三种知识。现给定三个数，已知第四个数与第三个数之比等于第二个数与第一个数之比，求第四个数。若是商人算这道题，他们会当机立断，将第二个数与第三个数相乘，并用所得乘积除以第一个数。这或许是因为他们还未忘却从数学老师那里习得的未经证明的定理，也或许是因为他们常做些简单的算式来验证它，抑或是因为他们知晓欧几里得《几何原本》第七卷中的第十九项命题的证明，即他们知晓比例项的一般性质。

不过，之于简单的数，还用不着这样计算。例如，给定1、2、3三个数，人们不用计算就能看出第四个比例项是六。这就更清楚了，我们凭借对第一个数与第二个数的比值的直觉性理解，推得了第四个数。

命题四十一 第一种知识仅是谬误的根源，第二种知识及第三种知识才必然是真实的。

证明 我们已（于上述注释中）将第一种知识归类为不确切的且混乱的观念，因此这种知识只是谬误的根源（据第二部分，命题三十五）。此外，我们将第二种知识及第三种知识归类为确切的观念，故这两种知识必然是真实的（据第二部分，命题三十四）。此证。

命题四十二 是第二种知识及第三种知识指导我们辨别真实与谬误，而不是第一种知识。

证明 该命题是不证自明的。一个知道如何辨别真实与谬误的人，必定拥有关于真实与谬误的确切的观念，也就是说(据第二部分，命题四十，注释二)，他必定能凭借第二种或第三种知识辨别真实与谬误。

命题四十三 一个拥有真实观念的人，同时也知道自己拥有真实观念，且不能怀疑他所知觉的事物的真实性。

证明 我们心灵里的一个真实观念，于神之内是确切的观念，这是就神通过人类心灵的本性所呈现出来而言的（据第二部分，命题十一，推论）。让我们假设一下，就神通过人类心灵的本性呈现出来而言，在神之内有一个确切的观念，A。这一确切观念 A 的观念必然也在神之内，其与神的关系相同于确切观念 A 与神的关系（据第二部分，命题二十，该命题的证明广泛适用）。但是，观念 A 与神的关系，是就神通过人类心灵的本性所呈现而言的，因此，观念 A 的观念与神的关系必定也是就神通过人类心灵的本性呈现出来而言的。这就是说（据第二部分，命题十一，推论），确切观念 A 在人类心灵内，而观念 A 的确切观念也在人类心灵内，因此，一个拥有真实观念的人，或真实地了解某件事物的人（据第二部分，命题三十四），必定同时拥有关于他的知识的确切观念或真实知识，也就是说，显然，他能确定他所知觉的事物的真实性。

注释　在第二部分，命题二十一的注释中，我已经解释了观念是何意义，但我们能说，前述命题本身就足够简单易懂了。一个拥有真实观念的人，必然知道真实观念包含着最高确定性。因为，拥有一个真实观念即意味着完满地了解一件事物，或尽可能完满地了解一件事物。确实，没有人能怀疑这一点，除非这个人认为观念是没有生命的东西，就像画板上的一幅画，而不是一种思想的模式——即理智的行为。我便要问，若一个人不先去理解一件事物，他又怎么能知道自己理解了这件事物呢？换言之，若一个人不先确定一件事物，他又怎么能知道自己确定这件事物呢？再者，还有什么能比一个真实观念更清楚、更确定地衡量真理呢？正如阳光既显明自身也照亮黑暗，真理亦既为自身也为谬误的标杆。

目前为止，我自认为已经充分回答了这些问题——即，倘若仅就真实观念与其对象相同一致，便能将真实观念与错误观念区别开来，那么难道真实观念也并不比错误观念拥有更多的真实性或完满性吗（因为两者仅根据一个外在标志进行区分）？如此说来，一个拥有真实观念的人也并不比拥有错误观念的人具有更多的真实性或完满性吗？再者，人是怎么拥有错误观念的呢？而一个人又怎么确定他所拥有的观念与其对象相同一致呢？关于这些问题，我再次重申，在我自己看来，已经一一回答过了。真实观念与错误观念之间的差别是很明显的：据我们于第二部分，命题三十五所论，前者与后者的关系正如存在与不存在的关系。在第二部分，命题十九与第二部分，命题三十五及其注释中，我已阐明了谬误的原因，而一个拥有真实观念的人和一个仅拥有错误观念的人之间的区别，我也叙述得很清楚了。至于最后一个问题——一个人如何确定他所拥有的观念与其对象一致，我也充分清晰地指出，他的知识来源于一个简单的事实：他拥有一个与其对象相符合的观念——换言之，真理即为自身的标杆。我们亦能补充的是，就其能真实地知觉事物而言，人类心灵是神之无限理智的一部分（据第二部分，命题十三，推论），因此，人类心灵的清晰明了的观念必然是真实的，正如神的观念一样。

命题四十四 理性的本性并不在于视事物为偶然的，而在于视事物为必然的。

证明 理性的本性在于真实地知觉事物（据第二部分，命题四十一），即于事物自身内知觉事物——也就是说（据第一部分，命题二十九），理性的本性并不在于知觉事物为偶然的，而在于知觉事物为必然的。此证。

推论一 由此可得，不论之于未来还是过去，我们仅能通过想象来把事物看作偶然的。

注释 我将简要阐释一下这种看待事物的方式是如何产生的。我已于上展示（据第二部分，命题十七及推论），人类心灵总是视事物即在当下，即使他们并不存在，直到一些排除它们的存在的原因产生。再者（据第二部分，命题十八），我们还展示了，倘若人类身体曾同时由两具外部物体所感触，当人类心灵后来想象上述外部物体中的一个时，会直接联想到另外一个——也就是说，心灵会视两者即在当下，除非有一些排除它们存在的原因产生。此外，不会有人置疑，我们想象时间，是基于这一事实：我们想象一些物体较于其他物体运动得更慢或更快，或与其他物体以相同的速度运动。因此，让我们假设一下，昨天，一个孩子早上第一次与彼得相遇，中午第一次与保罗相遇，晚上第一次与西蒙相遇，然后，今早他又看见了彼得。根据第二部分，命题十八，可以清楚的是，这个孩子一看见早晨的阳光，便会想象太阳将划过与前一天相同的那片天空，换言之，他一整天都在想象，想到早晨，便想到彼得，想到中午，便想到保罗，想到晚上，便想到西蒙——也就是说，他会想象保罗和西蒙存在于未来的时间里。另一方面，倘若他晚上看见西蒙，他又能同时联想起过去的彼得与保罗。倘若某个其他的夜晚，这个孩子看见的不是西蒙，而是詹姆斯，第二天早上当他想象夜晚时，便时而联想起西蒙，时而联想起詹姆斯，但并不会同时想起他们两个人：因为这个孩子是在晚上看到他们其中的一个或另一个，而不是同时看到他们，因此他的想象会摇曳不定。当他想象未来的夜晚时，他会先想到第一个遇见的人，接着想象第二个遇见的人，他会想象他们于未来出现，想象中的他们不是确定的，而是偶然的。若我们一直用想象来思考事物，将事物与过去或现在联系起来，这种想象的摇曳不定会一直持续，因此，只要我们将事物与现在、过去或未来联系起来，我们便会想象事物为偶然的。

推论二　理性的本性在于以某一种永恒的形式知觉事物（sub quadam aternitatis specie）。

证明　理性的本性并不在于视事物为偶然的，而在于视事物为必然的（据第二部分，命题四十四）。理性真实地知觉事物的必然性（据第二部分，命题四十一）——即（据第一部分，公理六）于事物自身内知觉事物，但是（据第一部分，命题十六）这种事物的必然性是神之永恒本性的必然性，因此，理性的本性在于以一种永恒的形式观察事物。我们亦能补充，理性的基础是概念（据第二部分，命题三十八），这些概念意指人类所共有的事物，而（据第二部分，命题三十七）不意指任何特定事物的本质，因此，它们凭借一种永恒的形式设想而来，与时间毫无关系。

命题四十五　每个物体或现实存在着的特定事物的观念，必然包含神之永恒无限的本质。

证明　一个现实存在着的特定事物的观念必然包含着该事物的存在和本质（据第二部分，命题八）。现在，特定事物不能由神设想而来（据第一部分，命题十五），但是，就（据第二部分，命题六）特定事物以神为原因而言，也就神凭特定事物的属性被视为模式而言，特定事物的观念必然包含（据第一部分，公理四）那些观念的属性的概念——也就是说（据第一部分，命题六），神之永恒无限的本质。此证。

注释　这里的存在我并不意指时长——也就是说，这里的存在不是抽象地设想而来的，也不是一种数量的形式。我讨论的是特定事物的存在的本性，因为这些特定事物以无限数量及无限方式源于神之本性的必然性（据第一部分，命题十六）。重申一遍，我讨论的是特定事物的存在，且这是就特定事物在神之内而言。因为，尽管每个特定事物都由另一个特定事物所决定，继而以一种既定的方式存在着，然而每件特定事物借以维持存在的力量都源于神之本性的永恒必然性(参见第一部分，命题二十四，推论)。

命题四十六　每一个观念所包含的关于神之本质的永恒无限的知识，都是确切且完满的。

证明　前命题的证明是广泛适用的，不论是以部分还是整体考虑一件事物，该事物的部分或整体的观念（据前命题），将包含神之永恒无限的本质。因此，能产生关于神之永恒无限本质的东西，之于人类是共同的，之于部分或整体是均等的，因此（据第二部分，命题三十八）这种知识是确切的。此证。

命题四十七　关于神之永恒无限的本质，人类心灵所拥有的知识是确切的。

证明 人类心灵拥有观念（据第二部分，命题二十二），凭借这些观念，人类心灵知觉自身、人类身体（据第二部分，命题十九）及外部物体（据第二部分，命题十六，推论一及第二部分，命题十七）为现实存在着的，因此（据第二部分，命题四十五，及命题四十六），关于神之永恒无限的本质，人类心灵所拥有的知识是确切的。此证。

注释 由此可见，神之永恒的本质及神之永恒性是众所周知的。现在，万物都在神之内，且由神设想而来，根据这一观点，我们能推出许多为我们所确切知道的东西，我们能形成如我们于第二部分，命题四十的注释中所论述的第三种知识，而我们也将于第五部分讨论关于这种知识的优点与用途。人们对所拥有的关于神的知识并不如他们对所拥有的关于一般概念的知识那样清楚，因为人们不能如他们想象物体那样想象神，也因为他们将神与习惯于见到的事物的映象联系起来，而人类又持续为外部物体所感触，故这一行为无法避免。事实上，许多错误都能追溯到这一点，即我们没有将名字正确地应用到事物上。例如，当一个人说，从圆形的中心到圆周的线段是互不相等的，那么他所赋予"圆形"这个词的含义自然不同于数学家们赋予的含义。再来，当人们于计算中出错时，他们心中有一串数字，而纸上又有另一串数字。倘若只看他们心里的数字，他们并没有犯错，而在我们看来他们犯错了，因为我们认为他们心中所拥有的数字与纸上的数字是相同的。若非如此，我们便不会认为他们犯了错误，就像我最近听到一个人大喊他的走廊撞到了邻居家的母鸡，我不会认为他说错了，在我看来，他的意思足够清楚了。正因为人们没有正确地解释他们的意思，也没有正确地理解别人的意思，所有才有了诸多争议。事实上，他们不加思索，自相矛盾，有时他们选择一方论点，有时又选择另一方论点，以此来驳斥他们自认为荒谬的反对者的观点。

命题四十八 人类心灵中是没有绝对意志或自由意志的，但是心灵由一个原因所决定而愿这或愿那，而这一原因又为另一个原因所决定，而后者亦为另一个原因所决定，以此无穷类推。

证明 人类心灵是思想的一种固定确有的模式（据第二部分，命题十一），因此心灵不能是其行为的自由因（据第一部分，命题十七，推论二），换言之，人类心灵不能拥有一种积极意愿或消极意愿的绝对能力，但是（据第一部分，命题二十八）人类心灵必定由一个原因所决定，而这一原因又为另一个原因所决定，而后者亦为另一个原因所决定，以此无穷类推。此证。

注释 按照同样的方法，我们可以证明，人类心灵中没有认知、欲望、爱恋等的绝对能力。由此可得，这些能力或相似的能力要么是完全虚构的，要么是我们习惯于从特定事物里概括的抽象术语和普遍术语。因此理智和意志与这个观念或那个观念的联系，或与这个意愿或那个意愿的联系，正如“石”与这块石头或那块石头的关系，也如“人”与彼得和保罗的关系，而人们认为自己是自由的原因，已于第一部分的附录中陈述过。但是，在我进一步推理之前，我要在这里说明，之于肯定和决定的意志，我指的是能力，而不是欲望。重申一遍，我说的是人类心灵可以凭以肯定或否定真实或谬误的能力，而不是心灵凭以愿求或避开任何既定事物的欲望。我们已经证明，这些能力是普遍的概念，它们并不能与它们所基于的特定事物区别开来。我们必定要问，这些意愿本身是否是脱离事物的观念的东西。我们必定要问，是否人类心灵中有任何肯定或否定，以至于超越就观念为观念而言所包含的东西。关于这一问题，参见下一命题，及第二部分的定义三，以避免产生图画式的观念。因为，我所说的观念并不意指于眼睛或头脑中形成的映象，而是指思想的概念。

命题四十九 除了就观念为观念而言所包含的东西，人类心灵中没有意愿或肯定与否定。

证明 人类心灵中没有积极意愿或消极意愿的绝对能力，仅有特定的意愿，即这个或那个肯定，及这个或那个否定。现在，让我们设想一个特定的意愿，即思想的模式，凭此人类心灵得以肯定，一个三角形的三个内角和等于两个直角和。这个肯定包含了一个三角形的概念或观念，也就是说，脱离了三角形的观念，便不能设想这个肯定。这就像是在说，观念A必定包含观念B，即脱离了B便不能设想A。再者，脱离了三角形的观念，便不能做出这个肯定（据第二部分，公理三）。因此，脱离了三角形的观念，这个肯定便不能存在或设想而来。还有，这个三角形的观念必定包含相同的肯定，即三角形的三个内角和等于两个直角和，所以，反之亦然，脱离了这一肯定，该三角形的观念便不能存在或设想而来，故这个肯定属于三角形的观念的本质，除此之外，别无他物。我们之于这个意愿所做的论述（就我们随机选取了一个意愿而言），也适用于任何其他的意愿，即，除了观念，别无他物。此证。

推论 意志与理智是同为一物的。

证明 意志与理智只是特定的意愿或观念，而不是别的什么东西（据第二部分，命题四十八及注释），但一个特定的意愿及一个特定的观念是同为一物的（据上一命题），因此，意志与理智是同为一物的。此证。

注释 因此，我们便排除了被普遍认为是错误的原因了。我们已在上面论证过，谬误仅在于包含于残缺混乱的观念中的知识的匮乏。因此，就一个错误的观念是错误的而言，并不包含确定性，那么，当我们说，一个人默认了谬误，而他对此毫不质疑，我们并不说他是确定的，只说他是没有疑问的，或者说，他之所以默认谬误，是因为他的想象没有理由摇曳不定（参见第二部分，命题四十四，注释），所以，尽管假设这个人默认了谬误，我们也不能说他是确定的。因为，我们所说的确定是某些积极的东西，而不仅仅是怀疑的缺席（据第二部分，命题四十三及注释）。

然而，为了充分阐明上述命题，我请大家注意几个附加的观点，此外我还要回复一些针对我们学说的反对意见。最后，以期排除顾虑，我认为有必要列出该学说的一些优点。这里我只说“一些”，因为我们将于第五部分充分探讨这些优点。

讲述第一点之前，我想提醒读者们，在观点或心灵的概念，及我们所想象的事物的映象中作准确的区分。更有必要的是，他们也应在我们凭以表示事物的观念和词语之间作出区分。对于这三样东西——即映象、词语，及观念，许多人要么完全将它们搞混，要么不以充分的敏锐性及细心进行区分，由此，人们普遍意识不到这一关于意志的学说的知识之于哲学用途及明智生活有多么绝对的必要性。那些认为观念在于人类身体与外界接触而于我们之内形成的映象的人，坚称那些我们不能于心灵中形成画面的事物的观念，并非观念，而只是我们凭自己的自由意志而生出的臆想，因此，他们研究观念时，把观念视为画架上没有生命的图画。带着这样的误解，他们不知道，一个观念就其为观念而言，是包含肯定或否定的，而且，那些分不清词语、观念，或是一个观念所包含的肯定的人，认为他们能愿求某些与他们所感觉、所肯定或所否定的截然相反的东西。不过，一个人若能思考知识的本性，知道它并不包含延展的概念，他便不会相信这种误解，也能明白一个观念（是思想的模式）既不是事物的映象，也不是词语。词语的本质和映象的本质是从物体的运动中得来的，它们决不包含思想的概念。

以上便是关于这一问题的简短叙述，接下来，我将针对有关我们的学说的异议进行论述。第一条针对我们学说的异议，是人们认为意志拥有比理智更为宽广的范围，以为这便是它们的区别。他们之所以坚定这一信念，是因为他们认为，他们不再需要提升判定的能力，即肯定或否定的能力，以期认同我们未曾知觉过的事物的无限性，由此也认为，他们需要提升认知事物的能力，因此意志便与理智区别开来，而后者是有限的，前者是无限的。

第二条针对我们学说的异议，由经验更为清晰地指出：在对我们所知觉的事物进行判定之前，我们能够延缓判断，而事实更加佐证了这一观点：一个人若只是知觉了什么东西，他不能称自己受到了欺骗，而只有当他肯定或不肯定时，才能这样说。例如，一个人假想出一匹有翅膀的马，却并不因此就认为这匹有翅膀的马存在，也就是说，他若只是想象这匹有翅膀的马，便没有受到欺骗，若他又承认这匹有翅膀的马是存在的，他便是受到了欺骗。因此，没有什么比经验所指出的更加清晰了：意志或判定的能力是自由的，且不同于理智的能力。

第三条针对我们学说的异议，即一个肯定显然并不比另一个肯定包含更多的真实性，换言之，肯定真实为真似乎并不比肯定谬误为真需要更多的力量。然而，我们已经知道，一个观念之所以比另一个观念具有更多的真实性或完满性，是因为一些观念的对象比其他观念的对象更加优越，这似乎也指出了理智与意志之间的区别。

第四条针对我们学说的异议，即如果一个人并不依据自由意志而行动，那么，若是行动的诱因保持相平，就像布里丹的驴子那样，将会发生什么事呢？他会因为饥饿或口渴而死亡吗？若我说他会死亡，那我似乎把他想成了一头驴子或一个雕塑，而不是一个真实的人。若我说他不会死亡，我便认为，他能决定自己的行动，因而拥有想干什么就干什么，想去哪就去哪儿的能力。

当然还有其他的异议，但我并无职责给所有人的想法做出证明，我给自己的任务只是，尽可能简要地反驳以上所提到的几点异议。

对于我回应的第一条异议，若理智仅指清晰明了的观念，我便承认意志拥有比理智更为宽广的范围，但是我否认意志拥有比知觉及形成知觉的能力更为宽广的范围，而且我也不明白为何较感觉的能力便称意愿的能力是无限的，因为，正如我们能够凭借相同的意愿的能力，去肯定无限多的事物（一个接一个，因为我们不能同时肯定无限多的事物），我们也能凭借相同的感觉的能力，去感受或知觉（连续地）无限多的物体。如果说，有无限多的事物是我们所不能知觉的，我便回复道，我们凭借思想所不能获悉的事物，同样也不能凭借意愿的能力来获悉它们。但是，仍有人会提出，倘若神想让我们知觉这些事物，他便会赐予我们较我们已有的而更强的知觉的能力，而不是赐予我们较我们已有的而更强的意愿的能力。同理，倘若神想让我们理解无数多的其他存在，为了获悉这无限多的存在，他便有必要赐予我们较我们已有的而更强大的理智，而不是赐予我们较我们已有的而更为普遍的存在的观念。我们已经论证了，意志是一个普遍的存在或观念，借此我们也解释了所有特定的意愿——换言之，这种特定意愿是人类所共有的，那么，当我们的反对者赞同，这一之于所有意愿的共同或普遍观念是一种能力，如此他们便断言，这样的能力延展至无穷，超越了理智的限制：因为普遍的东西是一视同仁地于一个、多个及无数个体中所呈现的。

之于第二条异议，我否定了人类拥有一种延缓判断的自由力量：因为，当我们说一个人延缓了他的判断，我们只是说他知道自己并未确切地知觉所考虑的物质。因此，严格来说，判断的延缓是一种知觉，而不是自由意志。为了阐明这一点，我们假设一下，一个男孩想象了一匹马，除此之外，没有知觉其他什么东西。就这一想象包含了马的存在而言（据第二部分，命题十七，推论），男孩并未知觉到什么其他东西，以排除马的存在，那么他将必然视马为即在当下。他不能怀疑这匹马的存在，尽管他并不能确定这匹马是否存在。我们每天都能在梦中有这种体验。我不敢苟同，一个人称自己在做梦时，能在梦里拥有自由力量，以延缓他对于事物的判断，或使自己不梦见于梦里见着的东西，不过，我们确实也会于梦中延缓判断，即当我们梦见自己在做梦。

再者，我承认没有人会因为知觉现实而受到欺骗——也就是说，我承认，就心灵的想象于自身内受到考察而言，它并不包含错误（据第二部分，命题十七，注释），但我否认一点，即一个人在知觉时并不做出任何的肯定。因为，若非肯定一匹马拥有翅膀，怎么能知觉到一匹拥有翅膀的马呢？倘若心灵除了知觉到有翅膀的马以外，并不知觉其他的什么，它同样会认为这匹马即在当下。它没有理由怀疑这匹马的存在，也没有能力不承认这匹马的存在，除非关于这匹有翅膀的马想象能连接到一个排除该马的存在的观念，抑或除非心灵能知觉它所拥有的关于这匹有翅膀的马的观念是不确切的。这种情况下，心灵必然会否认这匹有翅膀的马的存在，或必然对这一问题持怀疑态度。

以上所述正预示了我之于第三条异议的回复，即意志是于所有观念中普遍呈现的东西，它表示于所有观念共有的一个肯定，就其于抽象中设想而来而言，这个肯定的确切的本质必定存在于每个观念中，且单从这方面来讲，这种本质于每个观念中都是相同的，但这并不就它组成观念的本质而言，因为，就这方面，特定的肯定彼此间是不相同的，正如观念那样。例如，一个肯定中包含圆形的观念，便与包含三角形的观念的肯定所不同，正如圆形的观念与三角形的观念不同。

再者，我完完全全否认，之于肯定真实为真及肯定谬误为真，我们需要同等的思想的力量。若我们考察心灵，便能发现，这两种肯定之间的关系正如存在与非存在的关系一样，因为观念中积极的东西是不会组成谬误的现实存在的（据第二部分，命题三十五，注释及命题四十七，注释）。因此我们必能总结得出，当我们混淆普遍与单个，以及混淆理性的或抽象的存在与真实的存在时，我们便会轻易受到欺骗。

之于第四条异议，我十分乐于承认，一个处于平衡状态的人（即，只知觉到了饿与渴，某种食物与某种饮品，这两者距他一样远）将死于饥饿与口渴。若我受到质问，是否这样的人应当被视为一头驴而不是一个人？我只能说，我不知道。同样地，我也不知道应将一个绞死自已的人视为什么，也不知道我们应将儿童、笨蛋、疯子等视为什么。

亟待指出的是，这一学说的知识对我们的行为提供了怎样的优势，且根据我们所论证的，这是很容易总结的。这一学说好在：

1. 它指导我们仅遵照神的命令来行动，它是神圣本性的参与者，类似更多，当其与神的联系越多，我们的行为便越完满，便越了解神。这条学说不仅使我们的灵魂全然安宁，而且向我们展示了至高快乐与至高福祉在于何处，即它们只在神的知识中，借此我们便如爱与虔诚所叮咛的那样行动。因此我们也知道，那些期望神嘉赏其美德、善举，忍受劳役的迷途者们，与真正的美德相距甚远，因为，他们好像觉得，美德与奉神本身并不是幸福，也不是完满的自由。

2. 它指导我们应怎样周旋于命运的赠礼、不受我们掌控之中的事物以及不源于我们本性的事物。因为它告诉我们，我们应以平和的心态来静候、顺受命运的一颦一笑，领悟万物都以相同的必然性出于神之永恒的命令，正如源于三角形的本质的东西：三角形三个内角和等于两个直角和。

3. 这一学说也能益补社会生活，它指导我们不憎不鄙，不嘲不嫉，也不动怒。此外，每个人应满足于自己，乐于帮助邻里，这并不基于软弱的怜悯、偏爱或迷信，而只遵循理性的指导，审时度势，如我将于第三部分论述的那样。

4. 最后，这一学说之于国家治理也不无优益，因为它指导着如何管理并引领公民，不是将他们变为奴隶，而是使他们自由地做至好的事。

于此我便应允了注释开头所做的承诺，同时给论著的第二部分画上句号。我认为，于其中我以足够的谨细解释了人类心灵的本性及性质，鉴于这一主题的难度，我的论述也是足够明晰的。我提出了一些基本理论，凭此可以做出许多卓越的总结，这些总结也具有至高的实用性以及为人所知的必要性，我们将于下面的论证中做部分阐明。

第三部分
论情感的起源和本性

大多数从事情感和人类行为写作的作家似乎都更倾向于讨论超出自然的事物，而不是讨论遵循自然法则产生的自然现象。他们设想人类置身于自然如同一个王国位嵌于另一个王国，因为他们相信：人类扰乱自然秩序而不是遵守自然秩序，他们对自己的行为有着绝对的控制，而且仅由自己支配自己，不受外界干扰。他们并不将人类的软弱和浮躁归因于自然的共同力量，而归咎于人类本性中一些神秘的缺陷，他们对此悲叹、揶揄、鄙视，或像通常那样诋毁：一个较之同侪能更形象更敏锐地批判人类心智中的弱点的作家，便被尊为先知。说实话，有不少杰出人士（对于他们的兢兢业业我不胜感恩）写下许多探讨正当的生活方式的著作，也给人们提供了很多睿智的建议。但是，据我所知，迄今为止还没有一个人曾定义过情感的本性和力量，以及用以约束情感的心灵的力量。

我当然不会忘记，那卓尔不凡的笛卡尔虽然也相信意识对行为有着绝对的控制力量，但他仍旧努力从情感的主要原因来解释人类情感，与此同时，他也道出了心灵得以绝对控制情感的途径。然而，在我看来，这些做法除了展示其崇高的智慧之外并无其他成效，这一点我将会在合适的时机加以解释。就目前而言，我想谈谈那些只愿诋毁或嘲讽而不愿理解人类情感的人。毫无疑问，这些人会感到奇怪，我竟然试图运用几何方法来研究人类的邪恶和愚昧，并意图用严密的推理来阐述他们高声批驳的悖于理性、轻佻浮薄、荒诞不经且惊骇恐怖的东西，然而，这确是我的计划。在自然界中，没有什么东西是起于当中的某个缺陷的，因为，自然总是永恒不变的，而其功用和力量于各地都是一样的，也就是说，自然的法令永恒不变且各处同一，万物都循之运作不息，并从一种形式演化为另一种形式。这也意味着，我们只有一种办法去领悟万物的本性，那就是通过自然的普遍法则和规律。因此，诸如憎恨、愤怒、嫉妒等激情，就其自身而言，都源于自然的这种永恒同一的必然和功用。它们拥有某些凭以认知的确定原因，也拥有某些特性，而这些特性与任何其他事物的特性一样值得为人所知悉，沉思其中也能带给我们快乐。因此，我将依照此前研究神和心灵时使用的方法来讨论情感的本性和力量。我将以研究线条、平面和立体图形的方法去思辨人类的行为和欲求。

定　义

（一）确切原因，我意指，一个通过其自身能够清晰明了地知觉其结果的原因。不确切原因或部分原因，我意指，一个通过其自身不能认识其结果的原因。

（二）我称我们是主动的，是当我们的内部或外部发生了某件事情，而我们就是该事的确切原因时，也就是说（据上一定义），若某件事物通过我们的本性发生于我们的内部或外部，我们单通过本性便能清晰明了地理解它。反之，我称我们是被动的，是当某件事情在我们内部发生，或者由我们的本性产生于外部，而我们只是该事的部分原因时。

（三）情感，我意指，身体的情态，这种情态能使身体活动的力量得以增强或者减弱，得到促进或者受到约束，同时，这些情态的观念也随之或增或减，或进或退。

注：倘若我们是这些情态中的任何一种情态的确切原因，我便称这种情感是一种主动。对于除此以外的情感，我则称之为一种激情，抑或心灵的被动状态。

公　设

（一）人类身体能以多种方式受到感触，凭此其主动的力量得以增强或减弱，而以另外一些方式受到感触时，身体的主动的力量既不增也不减。

注：这一公设或公理基于第二部分，命题十三后的公设一，引理五及引理七。

（二）人类身体能够经受许多变化，虽然如此，它仍能保留其对象的印记或痕迹（参见第二部分，公设五），因而也能保留事物的相同的映象（参见第二部分，命题十七的注释）。

命题一　人类心灵在某些情形下是主动的，在某些情形下又是被动的。就人类心灵拥有确切的观念而言，它必然是主动的，就人类心灵拥有不确切的观念而言，它必然是被动的。

证明　在每个人的心灵里，有一些确切的观念，也有一些残缺混乱的观念（据第二部分，命题四十，注释）。那些在心灵中是确切的观念，在神之内也是确切的，这是就神组成了人类心灵的本质而言（据第二部分，命题四十，推论），而那些在心灵中不确切的观念，在神之内也同样是确切的，这并不单是就神本身组成了既定心灵的本质，也就神同时组成了其他事物的本质而言。再者，从任何既定的观念中必然能得出某种结果（据第一部分，命题三十六），而该结果以神为确切原因（据第三部分，定义一），这并非就神是无限的而言，而是就神被设想为受到既定观念的感触而言（据第二部分，命题九）。不过，既然该结果以神为原因，而感触神的观念于既定的心灵中是确切的，那么也就是说，该结果是以考察中的心灵为确切原因的（据第二部分，命题十一，推论）。因此，就人类心灵拥有确切的观念而言，其于某些情形下必然是主动的，这是论证的第一点。再来，一切都必然源于在神之内的确切的观念，这并非仅由于神本身拥有一个人的心灵，而是由于神同时拥有这个人的心灵以及其他事物的观念。对于这类结果（据第二部分，命题十一，推论），该既定之人的心灵便不是确切的原因，而只是部分原因，因此（据第三部分，定义二），就人类心灵拥有不确切的观念而言，其于某些情形下必然是被动的，这是论证的第二点。所以，人类心灵在某些情形下是主动的，在某些情形下又是被动的。就人类心灵拥有确切的观念而言，它必然是主动的，就人类心灵拥有不确切的观念而言，它必然是被动的。此证。

推论 由此可得，随着心灵拥有的不确切的观念的或多或少，心灵所受的感触也或增或减，而随着心灵拥有的确切的观念的或多或少，心灵的主动性也或增或减。

命题二 人类身体不能决定心灵去思想，人类心灵也不能决定身体去运动或静止，或决定身体处于其他不同的状态，若有这种其他状态的话。

证明 一切思想的模式都以神为其原因，这是由于神是思考着的事物，而并不依借其他属性呈现出来（据第二部分，命题六）。因此，决定心灵去思想的是思想的模式，而不是延展的模式，也就是说，不是人类身体（据第二部分，定义一）。这是论证的第一点。再来，身体的运动和静止必定由另一个物体所引起，而这个物体的运动或静止必定由第三个物体所决定，且发生于人类身体内的一切必绝对来源于神，这是就视神为受某种延展的模式所感触，而不是受某种思想的模式所感触而言（据第二部分，命题六），也就是说，发生于人类身体内的一切不能来源于心灵，心灵只是思想的一种模式。这是论证的第二点。所以，人类身体不能决定心灵去思想，人类心灵也不能决定身体去运动或静止，或决定身体处于其他不同的状态，若有这种其他状态的话。此证。

注释 根据第二部分，命题七的注释里的内容，该命题更加清楚：人类心灵和人类身体是同为一物的，它们或依借思想的属性设想而来，或依借延展的属性设想而来。由此便能得出，不论是依借思想的属性还是延展的属性来设想自然，事物的秩序与联系总是同一的，因此，人类身体中主动状态或被动状态的秩序，就其本性而言，是与人类心灵中主动状态或被动状态的秩序保持一致的。根据我们在第二部分，命题十二中所论证的，也能得出同样的清楚的结论。

然而，尽管这便是不容置疑的事实，我仍很难相信，直至经验所证：人们竟以为自己冷静而公正地思考这一问题，坚信人类身体仅受人类心灵的指示而运动或静止，或仅遵照心灵的意志或思想的活动来做出各种各样的行为。然而，迄今为止，还没有人对身体的力量加以种种限制，也就是说，据经验所得，还没有人知道，就视自然为延展的东西而言，人类身体单是遵循自然的法则能达到何种地步，而且，至今也无人拥有关于人类身体之机制的准确的知识，以至于能解释其一切功能，我也无须请大家注意，在低等动物身上观测到许多的行为，远远超出了人类智慧所能理解的范围，它们像梦游者那样，在睡眠中做出一些清醒时不会冒险去做的事。这些例子足以表明，人类身体单是遵循自然的法则便能做出一些心灵所讶异的事。

再者，没有人知道人类心灵是如何或凭借何种方式来驱动身体的，也没有人知道心灵能授予身体何种程度的运动，或以多快的速度驱动它。因此，当人们说身体的这一行为或那一行为起源于心灵，而后者支配着身体，他们就是说着毫无意义的话语，或以另一套措辞承认，他们对上述身体行为的原因一无所知，而且对于这种无知还不疑有他。

但是，他们会说，不论我们是否知道心灵用何种方式作用于身体，我们都有过这样的经验：除非人类心灵处于恰当思想的状态，否则身体也会休止不动。此外，他们说，我们还有这样的经验：人类单靠心灵就能决定我们是说话还是沉默，或做出其他类似的行为，也就是说，我们遵照心灵的指令而行动。

之于第一条异议，我要问问诸位反对者们，难道经验没有告诉我们，倘若人类的身体不再活动，心灵也同时无法思想？因为当身体处于睡眠中的静止状态时，心灵也同时处于休滞状态，没有思想的力量，而当身体清醒时，心灵才会拥有思想的力量。再者，我认为每个人的经验都能证实这一观点：心灵并不总是同等的思想一个既定的主体，但是按照身体或多或少地受这一对象或那一对象的映象的刺激，心灵也随之或多或少地思考上述对象。

但是，又有人提出，单单就自然法则，且视自然为延展的实体而言，我们是不可能推断出建筑、图画以及类似事物的原因的，因为这些事物仅产生于人类艺术。就人类身体而言，我们也不能推断出这些，除非身体由心灵决定或引导，才能建造出一座庙宇。然而，我刚刚也指出了，反对者们并不能自圆身体力量的限制之说，也不能从对于身体本性的考究中得出什么结论，他们的经验中也有许多单单依据自然法则而完成的事情。他们也只相信，除非基于心灵的指示，否则这些事并不会发生：就像梦游者于睡眠中做出种种行为，当他们清醒时也会讶异于自己的所作所为。我将进一步指出，人类身体机制的复杂性，远远超过了人类艺术所能集结的一切造诣，无须再提我已论证过的一点，即不论考究自然的哪种属性，无数的结果都从自然而出。

之于第二条异议，我主张：如果人类能像说话一样充分地保持沉默，那么这个世界将会更加和谐快乐，而经验足以向我们表明，较之于其他事物，人类最难管束的便是自己的舌头，最难控制的便是自己的欲望。说到这里，许多人相信，我们只有面对适度渴求的东西时才是自由的，因为对于这类事物的欲求常常会因为念及一些其他事物的记忆而受到控制，但是，若我们以猛烈的热情去求索事物，我们便不是自由的，因为这种欲求并不因其他事物的记忆而消退。然而，除非这些人能据经验证明，我们做了许多后来追悔的事情，或者受对立情感的感染，我们常常知道更好的一面，却追随更坏的那一面，否则什么也不能阻挠他们相信，我们在一切事物中都是自由的。因此，一个婴儿相信他对牛奶的渴求是基于自己的自由意志，一个愤怒的孩子相信自己在自由地渴求复仇，一个羞怯的孩子相信自己在自由地渴求逃离。再者，一个喝醉了的人相信自己由心灵自由决定而说了些话，可若他清醒了，是很愿意自己没有说过这些话的。因此，同样的，发狂的男人、唠叨的女人、孩子以及其他情形类似的人，都相信自己的言语是基于心灵的自由而决定的，但事实上，他们并不能抑制这种交谈的冲动。经验授予我们的同理性所教的同样清晰：人类之所以相信自己是自由的，只是因为他们虽意识到自己的行为，却并不知道这些行为是由哪些原因决定的，而且，显而易见的是，心灵的命令只是欲望的另一种名义，因此它也随身体状态的不同而变化更换着。每个人都凭着情感塑成自己的行为，那些受互相冲突的情感所感触的人并不知道自己想要什么，而那些不受情感侵扰的人则摇摆不定，见风使舵。所有的这些考究都清楚地显示了，心灵的决定与身体的欲望或被决定的状态，都是同时的，进一步说，它们是同为一物的，当我们通过思想的属性来观察或解释时，我们称之为决定，而当我们通过延展的属性来观察或解释，并根据动静的法则来推断时，我们称之为受约束的状态。这一点将于之后简明论述。当前，我想请读者注意另一点，即，除非我们拥有对所做之事的记忆，否则我们并不能遵循心灵的决定而行动。例如，若我们对一个词语没有记忆，我们便不能说出一个词语。再者，随意地记住或忘记一件事情并不在人类心灵的自由力量之内。因此，无论如何，人类心灵的自由必定囿于其记忆中的事物，而心灵也拥有说或不说它所记忆之事的力量。但是，当我们做梦梦见自己说话时，我们相信自己是遵循心灵的自由决定而说话的，可我们并没有说话，抑或我们确实说话了，可这其实是出于身体的自发性行为。再者，我们梦见自己在藏匿什么东西，这看起来也是遵循心灵的决定而行动，正如我们清醒后联想到一些东西时保持沉默那样。还有，我们梦见自己遵循心灵的自由决定做了一些事，而这些事却是我们清醒时不敢做的。

现在我猜想，是否人类心灵中有两种决定，一种是虚幻的决定，而另一种是自由的决定？若我们还未愚蠢至此，我们必然会承认，人们坚信为自由的心灵的决定，与想象或记忆并无区别，它无非仅仅是观念成其为观念所必然包含的肯定罢了（据第二部分，命题四十九）。因此，这些心灵的决定依据相同的必然性产生于心灵，正如现实存在的事物的观念那样。因此，那些相信自己不论是说话、沉默，还是行动，都遵循心灵的自由决定的人，大概是在做白日梦吧。

命题三 心灵的主动唯起源于确切的观念，心灵的被动唯取决于不确切的观念。

证明 组成心灵的本质的最初要素仅有现实存在的物体的观念，此外再无其他（据第二部分，命题十一及命题十三），这一观念由许多其他的观念复合而成，其中有确切的观念，也有不确切的观念（据第二部分，命题二十九，推论及第二部分，命题三十八，推论）。因此，一切源于心灵的本性，且以心灵为近因的东西，必定要通过心灵来理解，要么源于一个确切的观念，要么源于一个不确切的观念，但是就心灵（据第三部分，命题一）拥有不确切的观念而言，它必然是被动的。因此心灵的主动唯来源于确切的观念，同理，当心灵拥有不确切的观念时，它只能是被动的。此证。

注释 因此，我们知道了，被动状态并不能归结于心灵，除非心灵内包含了一些否定的东西，或者心灵被视为自然的一部分，而脱离了其他部分，便不能通过自身而清晰明了地知觉心灵：故我要指明，被动状态以与心灵同样的联结方式而与特别事物有所联结，此外不能以其他的方式来知觉它们，但我的目的唯有讨论人类的心灵。

命题四 除非一件事物有外部的原因，否则它是无法被摧毁的。

证明 这一命题是不证自明的，因为任何事物的定义都能肯定该物的本质，而并不否定该物的本质，换言之，任何事物的定义都假定了该物的本质，而并不夺走它。因此，只要我们就其本身来考究事物，而不虑及外部原因，我们便不能于事物本身中找到什么能够摧毁它的东西。此证。

命题五 若一件事物能够摧毁另一件事物，那么这两件事物于本性上就是对立的，也就是说，它们并不能存在于相同的对象中。

证明 倘若这两件事物能于同一个对象中和谐一致或共同存在，

上述对象中便有能够摧毁它的东西，但是根据上一命题，这是不合理的，因此，若一件事物能够摧毁另一件事物，那么这两件事物于本性上就是对立的，也就是说，它们并不能存在于相同的对象中。

命题六　就其自身而言，每件事物都悉力维持自身的存在。

证明　特别事物是神之属性通过一种既有而确定的方式呈现出来的模式（据第一部分，命题二十五，推论），也就是说（据第一部分，命题三十四），它们是以一种既有而确定的方式表达神之力量的事物，神凭借这些事物得以存在和行动。现在，任何事物中都并不包含能摧毁自身的东西，也不包含能夺走其存在的东西（据第三部分，命题四），反之，任何事物都与一切能夺走其存在的东西相对抗（据第三部分，命题五）。因此，就其能力和自身而言，每件事物都悉力维持自身的存在。此证。

命题七　一切事物凭以悉力维持其自身存在的努力，是该事物的现实本质，而不是其他什么东西。

证明　从任何事物的既定本质中必然能得出某些结果（据第一部分，命题三十六），而除了从本性中必然得出的决定了的力量，事物并不拥有其他的力量（据第一部分，命题二十九），因此，任何既定事物的力量或其凭借的努力，不论是独立的还是与其他事物一起，都活动着，或悉力活动着，也就是说（据第三部分，命题六），一切事物用以悉力维持其自身存在的努力或力量，是该事物的既定本质或现实本质，而不是其他什么东西。此证。

命题八　一切事物凭以悉力维持其自身存在的努力，不包含有限时间，而包含无限的时间。

证明　倘若一切事物凭以悉力维持其自身存在的努力包含了有限的时间，而有限的时间决定该事物的时长，那么仅从该事物借以存在的力量便可推得，超越那段时间的限制后，该事物便不能存在，它必定会被摧毁，但这（据第三部分，命题四）是不合理的。因此一切事物凭以存在的努力不包含确定的时间，反之，除非该事物为某种外部原因所摧毁，否则该事物将凭它已借以存在的相同力量而继续存在着，所以，一切事物凭以悉力维持其自身存在的努力包含无限的时间。此证。

命题九 既就心灵拥有清晰明了的观念而言，也就其拥有混乱的观念而言，心灵悉力维持自身的存在以至无限，而它也能意识到这种努力。

证明 心灵的本质由确切的观念和不确切的观念组成（据第三部分，命题三），因此，既就心灵拥有确切的观念而言，也就心灵拥有不确切的观念而言，心灵都悉力维持其自身的存在，且维持至无限（据第三部分，命题八）。现在，既然心灵必然能通过身体的情态的观念而意识到自身，那么心灵也能意识到自身的这种努力。此证。

注释 当这种努力仅仅与心灵有关时，便称之为意志，当这种努力同时与心灵和身体有关时，便称之为欲望。事实上，这种努力不是别的，而只是人的本质，从人的本质的本性中必然能得到一切其可借以维存的东西，因此，人便受决定而行动。

此外，欲望与欲求之间的唯一的区别在于，当人类意识到自己的欲望时，欲求一词对于人类才有了一般意义，那么据此便能这样定义：欲求就是意识到自我的欲望。因此，能清楚的是，我们谋求、愿求、渴求的或欲求某些东西，绝不是因为我们认为这些东西是好的，恰恰相反，我们认为一件事物是好的，正是因为我们谋求它，愿求它，渴求它或欲求它。

命题十 倘若一个观念摈斥人类身体的存在，那么便不能假定这个观念在人类心灵之内，它与心灵是相对立的。

证明　一切能够摧毁人类身体的东西，都不能假定其在人类身体之内（据第三部分，命题五）。因此，就神拥有人类身体的观念而言（据第二部分，命题九，推论），这件事物的观念也不能出现在神之内，也就是说（据第二部分，命题十一，命题十三），不能假定该事物的观念在人类心灵之内，反之，既然组成心灵本质的最初要素是现实存在的人类身体观念，由此便可得出，人类心灵的首要努力就是肯定人类身体的存在。因此，一个否定人类身体存在的观念是与人类心灵相对立的，等等。此证。

命题十一　倘若人类身体中的某物增多或减少，以致身体活动力量的增强或减弱，那么心灵中该物的观念也随之增多或减少，以致心灵思想力量的增强或减弱。

证明　根据第二部分，命题七及第二部分命题十四，这一命题自明。

注释　由此我们便知道，人类心灵能够经受许多变化，有时可转化为一个较大的完满，有时则转化为一个较小的完满。我们以愉快的情感和痛苦的情感来解释这些转化后的被动状态。我将于下面的命题中表明，愉快是心灵转化为较大的完满的被动状态，痛苦则是心灵转化为较小的完满的被动状态。再者，若愉快的情感与身体和心灵同时都有关系，我便称其为兴奋（titillatio）或欢愉（hilaritas），若痛苦的情感与身体和心灵有着同以上一样的关系，我便称其为折磨或忧郁。但我们必须知道，只有当人类本性中的一部分比其余部分受到更多的感触时，人类才会觉得兴奋或折磨，而当人类本性中所有部分受到的感触相同时，人类才会觉得欢愉或忧郁。在本部分的命题九的注释中，我已经说明了欲求的意义。除了愉快、痛苦、欲求这三种情感，我不承认还有其他的初级情感，接下来我便要向大家阐释，所有其他的情感都起源于这三种情感。但是，在我进一步探讨以前，我想在这里更详细地解释一下本部分的命题十，以期我们能清楚地理解一个观念是如何与另一个观念相对立的。在第二部分，命题十七的注释中，我们表明了，只要人类身体本身是存在的，组成人类心灵本质的观念便包含着身体的存在。再者，根据我们在第二部分，命题八的推论中所指出的可以推得，人类心灵的当下存在唯依赖于心灵包含身体的现实存在这一事实。最后，我们论证了（据第二部分，命题十七，命题十八及其注释）人类心灵凭以想象或记忆事物的力量，也依赖于心灵包含身体的现实存在这一事实。由此可得，一旦人类心灵不再肯定人类身体的当下存在，那么心灵的当下存在及其想象的力量也都会随即消失。现在可知的是，人类心灵之所以不再肯定人类身体的存在，其原因不会在于心灵自身（据第三部分，命题四），也不会是身体中止了自己的存在。因为人类身体存在的开始，并不是人类心灵肯定身体存在的原因，因此出于同样的理由，倘若人类身体不再存在，人类心灵也不会因此便中止肯定身体的存在，但是（据第二部分，命题十七）这一结果产生于另一个观念，而该观念摈斥我们身体的当下存在，故也摈斥我们心灵的当下存在，因此，这一观念便与组成我们心灵的本质的观念相对立。

命题十二 人类心灵总是尽其所能努力设想那些能增强或促进身体的活动力量的东西。

证明 只要人类身体于一种包含着任何外部物体的本性的模式中受到感触，人类心灵便会视该外部物体为即在当下（据第二部分，命题十七），因而，只要人类心灵视一个外部物体为即在当下，也就是说，只要人类心灵设想一个外部物体，那么人类身体便会于一种包含着上述外部物体本性的模式中受到感触，因此，只要人类心灵设想能增强或促进身体的活动力量的东西，人类身体便会于种种增强或促进其活动力量的模式中受到感触（据第三部分，公设一），所以（据第三部分，命题十一）在此期间，人类心灵的思想力量也得以增强或促进。因此（据第三部分，命题六，命题九）人类心灵总是尽其所能努力设想那些能增强或促进身体活动力量的东西。此证。

命题十三 当人类心灵设想减弱或阻挠人类身体的活动力量的东西时，它也尽可能地努力记起能够摈除这类东西存在的东西。

证明 只要人类心灵设想任何减弱或阻挠人类身体的活动力量的东西，人类心灵及身体的力量便会减弱或受到约束（参见第三部分，命题十二，证明），然而心灵还是会继续设想这类东西，直至心灵设想出其他能摈除这类东西的当下存在的东西（据第二部分，命题十七），也就是说（正如我刚刚展示的），心灵及身体的力量得以减弱或受到约束，直至心灵设想出其他东西，而这类东西能够摈除前一类设想出来的东西。因此，心灵（据第三部分，命题九）尽其所能地努力设想或记起后一类东西。此证。

推论 由此可得，人类心灵总是避免设想那些减弱或约束心灵及身体力量的东西。

注释 根据已经论述过的，我们能清楚地理解喜爱与憎恨的本性。喜爱只是伴随着外部原因的观念的愉快，而不是其他什么东西，憎恨只是伴随着外部原因的观念的痛苦，也不是其他什么东西。我们进一步知道，一个有喜爱的对象的人必然努力去拥有他所喜爱的对象，或保持其喜爱的对象即在当下，而一个有憎恨的对象的人则努力消除或摧毁他所憎恨的对象。不过，关于这些，我将于后面详细讨论。

命题十四 倘若人类心灵曾同时由两种情感所感触，那么，不论何时，当它再次由其中一种情感所感触时，也会受到另一种情感的感触。

证明 倘若人类身体曾同时由两个物体所感触，那么，不论何时，当心灵再次设想其中一物时，它将直接记忆起另外一个物体（据第二部分，命题十八），但是人类心灵的概念表示的是人类身体的情感，而不是外部物体的本性（据第二部分，命题十六，推论二），因此，倘若人类身体，继而人类心灵都曾于同一时刻由两种情感所感触，那么，不论何时，当它再次由其中一种情感所感触时，也会受到另一种情感的感触。

命题十五 任何事物都能偶然地成为愉快、痛苦或欲求的原因。

证明 若我们假设，人类心灵同时受两种情感所感触，其中一种情感既不增强也不减弱心灵的活动力量，而另外一种情感可能增强也可能减弱心灵的活动力量（据第三部分，公设一）。根据上一命题，我们可以清楚的是，不论何时，若心灵再次为前一种情感所感触，而通过该情感的真正原因，心灵的活动力量（据假设）既不会增强，也不会减弱，那么，与此同时，心灵也会为后一种情感所感触，而后一种情感则会增强或减弱心灵的活动力量，也就是说（据第三部分，命题十一，注释），人类心灵将会受愉快或痛苦所感触。因此，这两种情感的前一种情感不是通过其自身，而是偶然地成为愉快或痛苦的原因。按照同样的方法，我们也可以很容易地论证，一件事物是可以偶然地成为欲求的原因的。此证。

推论 单纯地根据我们以愉快的情感或痛苦的情感来考究一件事物这个事实来看，尽管该事物并非情感的动力因，我们也会喜爱或者憎恨它。

证明　此推论单单基于这一事实（据第三部分，命题十四）：当人类心灵再次设想上述事物时，便会被愉快或痛苦的情感所感触，也就是说（据第三部分，命题十一，注释），心灵和身体的力量曾得以增强或减弱，等等，因而（据第三部分，命题十二），人类心灵可能愿意设想该事物，也可能不愿意设想该事物（据第三部分，命题十三，推论），换言之（据第三部分，命题十三，注释），人类心灵可能喜爱或憎恨该事物。此证。

注释　由此我们便能理解，为什么我们喜爱或憎恨一件事物，却不知这种情感因何而起，从而只会说是出于同情或反感。我们应该指出，那些同一类别的事物或愉快或痛苦地感触我们，只是因为它们和其他以同样方式感触我们的事物相似罢了。关于这一点，我将于下一命题中论证。我知道，那些率先提出“同情”和“反感”两条术语的作家们，想要借此来表示事物的某些隐秘的特质，然而，我认为，我们也能用这些术语来表示事物的已知特质或明显特质。

命题十六　若一个既定的对象在某种程度上相似于另一个对象，而后者常常或愉快或痛苦地感触人类心灵，那么，单纯地基于这一假设，尽管这某种程度上的相似并不是上述情感的动力因，我们仍应怀着喜爱或憎恨来看待那个既定的对象。

证明　这某种程度上的相似便在我们以愉快或痛苦的情感看待的对象（据假设）之中，因此（据第三部分，命题十四），当心灵由该对象的映象所感触时，它也会立刻受愉快或痛苦的情感所感触，因而我们所知觉的具有某种程度的相似的事物，将偶然地（据三部分，命题十五）成为愉快或痛苦的原因。因此（据上一推论），尽管两个对象的相像之处并不是这些情感的动力因，我们仍会以喜爱或憎恨的情感来看待那个对象。此证。

命题十七 若我们设想一件常痛苦地感触我们的事物，而该事物与另一件常以同样强烈的愉快感触我们的事物之间具有某些相似之处，我们会憎恨第一件事物，与此同时，我们也喜爱它。

证明 该既定事物（据假说）自身便是痛苦的原因，而且（据第三部分，命题十三，注释）就我们以痛苦的情感去想象它而言，我们将憎恨它。此外，就我们设想它与其他常以同样强烈的愉快情感来感触我们的事物具有某些相似之处而言，我们将以同样强烈的愉快的冲动去喜爱它（据第三部分，命题十六），因此，我们将对这件事物既爱又恨。此证。

注释 这种由两种对立情感所引起的心灵的状态称为情感的动荡，它与情感的关系正如怀疑与想象的关系一样（据第二部分，命题四十四，注释），而情感的动荡与怀疑仅在程度上有所区别，其他并无不同之处。但我们还要考虑的是，我基于一些原因而得出情感的动荡，这些原因有的通过自身而引起一种情感，有的则偶然地引起一些情感。我这样做是为了更容易地根据前面的命题推得这一结论，但我并不否认，情感的动荡通常起源于一个对象，而愉快及痛苦这两种情感都以该对象为动力因。人类身体是由各种具有不同本性的个体部分所组成的（据第二部分，公设一），因此（据第二部分，命题十三后引理三的公理一）也能由同一个物体以各种不同的方式所感触，反之，正如同一件事物能以许多方式受到感触，它也能以许多不同的方式感触人类身体的同一部分。由此，我们便能轻易看出为何同一对象能够成为许多情感互相对立的原因。

命题十八 一个人以愉快或痛苦的情感受过去或未来的一件事物的映象所感触，就如他以愉快或痛苦的情感受当前的一件事物的映象所感触。

证明 一个人由任何事物的映象所感触，他便会视该事物为即在当下，即使该事物并不存在（据第二部分，命题十七及其推论），他不会考虑这一事物是在过去还是未来，除非该事物的映象与过去或未来的时间有所联系（据第二部分，命题四十五，注释）。因此，不论是与过去的、未来的、还是当下的时间相联系，一件事物的映象，单就其自身来看总是完全相同的，也就是说（据第二部分，命题十六，推论），不论是过去事物的映象，未来事物的映象，还是当下事物的映象，其用以感触人类身体的情状或情感是完全相同的。因此，不论是过去还是未来事物的映象，其愉快或痛苦的情感是相同的。

注释一 我称一件事物是过去的或是未来的，是基于我们曾受其感触，或即将受其感触，比如，基于我们曾看见该物，或即将看见该物，基于该物曾启发我们，或即将启发我们，基于该物曾伤害我们，或即将伤害我们。因为，若我们设想该物，我们便肯定了它的存在，也就是说，若我们摈除了一件事物的存在，我们便不能受其感触，因此（据第二部分，命题十七）人类身体所受事物的感触，与该事物现实存在时感触身体的方式一样。然而通常情况是，那些拥有许多经验的人一旦以未来或过去看待一件事物，他们就会变得犹豫不定，优柔寡断，而且经常对其结果持怀疑态度，不能对其加以肯定（据第二部分，命题四十四，注释）。由此可得，起源于类似事物的映象的情感并非是一成不变的，而是经常受其他事物的映象的干扰的，直至人类能确定这类事物。

注释二 根据上面的注释，我们能够理解术语“希冀”“恐惧”“信心”“绝望”“欢乐”以及“失望”的意义。“希冀”只是易变的愉快，它起源于未来事物或过去事物的映象，而我们对这些事物的结果并不了解，不能对其加以肯定。从另一方面来说，“恐惧”也只是易变的痛苦，它起源于我们所怀疑的事物的映象。倘若从这些情感中摈除怀疑的要素，希冀则变成“信心”，恐惧则变成“绝望”。换言之，“愉快”或“痛苦”起源于我们所希冀或恐惧的事物的映象。还有，“欢乐”是起源于过去事物的映象的“愉快”，而我们对这些事物的结果持怀疑态度，不能对其加以肯定。“失望”则是与“欢乐”相对立的“痛苦”。

命题十九 若一个人设想他所喜爱的对象受到摧毁，他便觉得痛苦；若一个人设想他所喜爱的对象得以维存，他便觉得愉快。

证明 人类心灵尽其所能地去设想那些能够增强或促进身体活动力量的事物（据第三部分，命题十二），换言之（据第三部分，命题十二，注释），人类心灵尽其所能地去设想那些它喜爱的事物。但是，那些能假定一件事物存在的东西会促进概念的生成，反之，那些能摈除一件事物存在的东西将阻碍概念的生成（据第二部分，命题十七）。因此，能够假定所喜爱对象存在的事物的映象，将辅助人类心灵悉力设想喜爱的对象，换言之（据第三部分，命题十一，注释），将愉快地感触心灵，反之，那些摈斥所喜爱对象存在的事物的映象，将阻碍人类心灵悉力设想喜爱的对象，换言之，将痛苦地感触心灵。因此，若一个人设想他所喜爱的对象受到摧毁，他便觉得痛苦，若一个人设想他所喜爱的对象得以维存，他便觉得愉快。此证。

命题二十 若一个人设想他所憎恨的对象受到了摧毁，他便会觉得愉快。

证明 若某些事物减弱或约束了身体的活动力量，那么人类心灵会悉力设想能够摈除这些事物存在的东西，也就是说（据第三部分，命题十三，注释），人类心灵悉力设想能够摈除它所憎恨的对象存在的东西，因此，若一件事物的映象能摈除心灵所憎恨的对象的存在，它便辅助上述心灵的努力，换言之（据第三部分，命题十一，注释），能愉快地感触心灵。因此，若一个人设想他所憎恨的对象受到了摧毁，他便会觉得愉快。此证。

命题二十一　若一个人设想他喜爱的对象受愉快或痛苦的情感所感触，那么他自己也会受愉快或痛苦的情感所感触，而随着被爱之物受愉快或痛苦所感触之或多或少，爱物者所受愉快或痛苦之感触也或增或减。

证明　若某些事物（如我们于第三部分，命题十九所示）能假定我们所爱对象的存在，那么这些事物的映象也将促使心灵悉力设想上述对象。但是，愉快会假定能感受愉快的事物的存在，且这些事物会随着愉快情感的增多而增多，因为（据第三部分，命题十一，注释）愉快是心灵向较大的完满状态的转化，因此，所喜爱的对象中愉快的映象，将辅助爱物者于心灵上悉力设想上述对象，也就是说，它将愉快地感触爱物者，其程度随着所喜爱的对象中愉快情感的增多而增多。这是我们的第一条观点。再者，若一件事物受痛苦的情感所感触，直至受到摧毁，那么其所受摧毁之程度便随着所受痛苦之量的多少而增减（据第三部分，命题十一，注释），因此（据第三部分，命题十九），若一个人设想他所喜爱的对象受痛苦的情感所感触，那么他自己也会受痛苦的情感所感触，其程度随着所喜爱的对象中痛苦情感的多少而增减。此证。

命题二十二　若我们设想一件事物愉快地感触我们所喜爱的对象，我们也会受到感触而喜爱这件事物。反之，若我们设想一件事物痛苦地感触我们所喜爱的对象，我们也会受到感触而憎恨这件事物。

证明　若一个人愉快或痛苦地感触我们所喜爱的对象，且我们能够设想被爱的对象受上述愉快或痛苦的情感所感触，那么他也愉快或痛苦地感触我们（据第三部分，命题二十一）。但是，这种愉快或痛苦的情感是假定为伴随着一个外部原因的观念而来的，因此（据第三部分，命题十三，注释），若我们设想一个人愉快地或痛苦感触我们所喜爱的对象，我们也将受到感触而喜爱或憎恨他。此证。

注释 命题二十一向我们阐释了“怜悯”一词的本性，我们将其定义为由他人的伤痛所引发的痛苦，而该如何定义由他人的成就所引发的愉快，我未曾觅得一词。

对于施他人以恩泽的人，我们以“赞许”一词表示喜爱；对于伤害他人的人，我们以“愤慨”表示憎恨。必须进一步说明的是，我们不仅对自己所喜爱的事物感到怜悯（如第三部分，命题二十一所示），也对我们至今未曾掷以情感的事物感到怜悯，因为我们认为这些事物与我们自身类似（如我将要论述的）。因此，对于施惠给予我们类似的一切对象的人，我们便赞许他，反之，对于伤害与我们类似的一切对象的人，我们便感到愤慨。

命题二十三 当一个人设想他所憎恨的对象受痛苦的情感所感触，他便感觉愉快。反之，若他设想他所憎恨的对象受愉快的情感所感触，他便感觉痛苦。他所感觉的情感都随着他所憎恨的对象中对立情感的多少而增减。

证明 若仇恨的对象受痛苦情感所感触，直至受到摧毁，那么其所受摧毁之程度便随着所受痛苦之强度的多少而增减（据第三部分，命题十一，注释）。因此，若一个人设想他所憎恨的某个对象受痛苦的情感所感触，他便感觉愉快，随着他设想憎恨的对象所受痛苦程度的或多或少，其愉快的程度也或增或减。这是我们论证的第一点。再者，愉快的情感必能假定受愉快情感所感触的事物的存在（据第三部分，命题十一，注释），随着愉快的或多或少，其假定的存在也或增或减。倘若一个人想象他所憎恨的对象受愉快的情感所感触，这个想象（据第三部分，命题十三）便会阻碍他自己维持愉快情感的努力。换言之（据第三部分，命题十一，注释），倘若一个人设想他所憎恨的对象受痛苦的情感所感触，这个想象便能辅助他自己维持愉快情感的努力。此证。

注释　这种愉快几乎都是不纯粹的，且不会有任何心理上的抵牾。因为（正如我将于命题二十七中论述的）若一个人设想某些类似于他自己的东西是受痛苦的情感所感触的，他也同样感觉痛苦；若一个人设想某些类似于他自己的东西是受愉快的情感所感触的，他同样也会感觉愉快，但这里我们只讨论憎恨。

命题二十四　若我们设想一个人愉快地感触我们所憎恨的对象，我们便对他感到憎恨。若我们设想一个人痛苦地感触上述对象，我们便对他感到喜爱。

证明　这一命题的证明方式同第三部分，命题二十二的证明方式一样，读者自行参见。

注释　这些憎恨的情感，以及与其类似的情感可归属于嫉妒，而嫉妒就是憎恨，因为我们是这样理解嫉妒的：一个人把快乐建立在别人的痛苦之上，又因为别人的优秀而感到难过。

命题二十五　对于那些与我们有关，与我们所爱有关的一切事物，若我们设想它们能愉快地感触我们或我们所喜爱的对象，我们将悉力肯定它们。反之，若我们设想它们能痛苦地感触我们或我们所喜爱的对象，我们则悉力否定它们。

证明　对于那些我们设想能愉快地或痛苦地感触我们所爱对象的东西，也能愉快地或痛苦地感触我们（据第三部分，命题二十一），但是，人类心灵（据第三部分，命题十二）尽其所能地设想那些愉快地或痛苦地感触我们的东西，换言之（据第二部分，命题十七及推论），人类心灵努力视它们为即在当下。相反的是（据第三部分，命题十三），人类心灵竭力摈斥那些痛苦地感触我们的东西，因此，对于那些与我们及我们所爱有关的一切事物，若我们设想它们能愉快地感触我们或我们所爱的对象，我们将悉力肯定它们。此证。

命题二十六 对于那些与我们所恨有关的一切事物，若我们设想它们痛苦地感触我们所憎恨的对象，我们便竭力肯定它们；反之，若我们设想它们愉快地感触我们所憎恨的对象，我们则竭力否定它们。

证明 该命题引申自第三部分，命题二十三，正如上一命题引申自第三部分，命题二十一。

注释 据此我们便能知道，很可能发生的情况是一个人轻易就能对他自己或他所喜爱的对象做出过高的评价，也轻易就能对他所憎恨的对象过于贬损。对于一个过高评价自己的人，我们称其为“傲慢”，这无异于一种精神上的疯狂，而此人睁着双眼，大白天做梦，认为自己可以实现他所想象的一切事情，于是便误以为这些事情都是真实的，从而沉迷其中，自我陶醉，因为他并不能设想出任何东西以摈除这些事情的存在，也不能设想出任何东西以控制其自身活动的力量。由此可知，“傲慢”就是因一个人自视甚高而引起的愉快。再者，因一个人过高地评价他人而引起的愉快，我们称之为“过誉”。反之，因一个人过低地评价他人而引起的愉快，我们称之为“蔑视”。

命题二十七 现在，我们设想一件与我们类似的事物，且我们不对它掷以情感，若该事物受任意一种情感所感触，我们自己也会受这种情感（affectus）所感触。

证明 事物的映象是人类身体的情态，而这些情态的观念表示即在当下的外部物体(据第二部分，命题十七)，换言之(据第二部分，命题十)，这些情态的观念包含人类身体的本性，同时也包含外部物体的本性。因此，倘若外部物体的本性类似于人类身体的本性，那么我们所形成的外部物体的观念中包含的一种人类身体的情态也类似于外部物体的情态。所以，倘若我们设想任何与我们相似的人受一种情感所感触，这个想象则表示我们身体的某种情态与这种情感相似。故，若我们设想一件与我们类似的事物受任意一种情感所感触，我们自己也会受这种情感的感触。反之，若我们憎恨一件与我们类似的事物，当该事物受任意一种情感所感触时，我们则同样程度上受与其相反的情感所感触，而不受与其相同的情感所感触。此证。

注释一 当这种情感的模仿与痛苦有关时，我们便称之为“同情”(参见第三部分，命题二十二，注释)。当这种情感的模仿与欲求有关时，我们便称之为“争强”，而争强仅仅是对某件事物的欲求罢了，因为我们设想其他类似于我们的人也拥有相似的欲求，故才产生了“争强”。

推论一 倘若我们设想一个未曾倾注过情感的人，这个人愉快地感触着一些类似于我们自身的东西，那么我们也将受感触而喜爱他。反之，倘若我们设想一个人痛苦地感触着一些类似于我们自身的东西，我们也将受感触而憎恨他。

证明 这一推论根据前命题证得，正如第三部分，命题二十二根据第三部分，命题二十一证得。

推论二 我们不能憎恨我们所怜悯的事物，因为该事物的悲惨也痛苦地感触着我们。

证明 倘若因为该事物以其悲惨使我们感觉痛苦，我们便憎恨它们，那么我们就是为它的痛苦感到高兴，而这是与假设相矛盾的。

推论三　我们尽可能地谋划，以使我们所怜悯的事物免受痛苦。

证明　那些痛苦地感触着我们所怜悯的对象的东西，也会以同样的痛苦感触我们（据上一命题），因此，我们将悉力回忆一切能摈除或摧毁其存在的事物（参见第三部分，命题十三），换言之（据第三部分，命题九，注释），我们将欲求摧毁它，或决定求其毁灭，因此，我们将悉力使我们怜悯的事物免于悲惨。此证。

注释二　这种施行善意的意志或欲望，起源于对于我们曾施与恩泽的事物的怜悯，我们称之为仁善，故仁善只是起源于同情的欲求。之于对我们所设想的类似于我们的事物行善或作恶的人，或爱或恨，参见第三部分，命二十二，注释。

命题二十八　对于一切我们设想为能引起愉快的东西，我们都悉力实现它；反之，对于一切我们设想为与愉快相对或引起痛苦的东西，我们都悉力摈除或摧毁它。

证明　我们尽可能地设想那些我们想象着能引起愉快的东西（据第三部分，命题十二）；换言之（据第二部分，命题十七），我们将尽可能地努力设想它即在当下或现实存在。但是，人类心灵的努力，或人类心灵的思想力量与人类身体的努力或人类身体的力量是同等且同时的（根据第二部分，命题七，推论及第二部分，命题十一，推论）。因此，我们努力让那些能引起我们的愉快的东西存在，换言之（据第三部分，命题九，注释），我们欲求它，且奋力追求它。这是我们论证的第一点。再来，若我们设想某物能引起我们的痛苦，也就是说（据第三部分，命题十三，注释），若我们设想我们所憎恨的某物受到了摧毁，我们便感到高兴（据第三部分，命题二十），那么，我们将努力摧毁它或（据第三部分，命题十三）去除它，使它离开我们，以至于我们不能视它为即在当下。这是我们论证的第二点。因此，对于一切我们设想能引起愉快的东西，我们都悉力实现它；反之，对于一切我们设想与愉快相对或引起痛苦的东西，我们都悉力摈除或摧毁它。此证。

命题二十九　对于一切我们设想人类会以愉快的情感看待的事情，我们都悉力去做，反之，对于一切我们设想人类会回避的事情，我们也悉力不去做。

证明　若我们想象人类喜爱或憎恨某件事物，我们也将喜爱或憎恨那件事物（据第三部分，命题二十七），也就是说（据第三部分，命题十三，注释），若这件事物即在当下，我们将感觉愉快或痛苦。因此，对于一切我们设想人类会以愉快的情感看待的事情，我们都悉力去做，反之，对于一切我们设想人类会回避的事情，我们也悉力不去做。此证。

注释　这种单纯为了取悦他人而做一件事或不做一件事的努力，我们称之为“雄心”，尤其当我们取悦他人的心态十分迫切，导致我们做或不做某事而引起自己或他人的损伤，而其他情况下，这种努力一般被称为“友善”。此外，若我们设想他人做出种种举动以悉力取悦我们，而我们也感觉愉快，我便以“赞赏”命名这种愉快；反之，若我们反感他人的行为，从而感觉痛苦，我便以“指责”命名这种痛苦。

命题三十　倘若一个人做了某件他设想能愉快地感触他人的事，他也会受这种愉快所感触，且这种愉快还伴随着以他自己为原因的观念，换言之，他将以愉快的情感看待自己。反之，倘若一个人做了某件他设想为痛苦地感触他人的事，他也会以痛苦的情感看待自己。

证明　若一个人设想他能愉快地或痛苦地感触他人，那么基于这一确真事实，他自己也会受愉快或痛苦所感触（据第三部分，命题二十七），但是，既然一个人（据第二部分，命题十九及命题二十三）能通过决定其行动的情态而意识到自身，由此便得出，若一个人设想自己能愉快地感触别人，那么他也会受这种愉快所感触，同时这种愉快还伴随着以他自己为原因的观念，换言之，他将以愉快的情感看待自己。反之，痛苦的情形亦然。此证。

注释 既然喜爱（据第三部分，命题十三）是一种伴随着外部原因的观念的愉快，憎恨是一种伴随着外部原因的观念的痛苦，那么该命题内所讨论的愉快和痛苦也是一种喜爱和憎恨。不过，一如术语“喜爱”和“憎恨”与外部对象有关，我们将采用其他词语以指称讨论到的情感：对于这种伴随着外部原因的观念的愉快，我们称之为“光荣”，而对于这种伴随着外部原因的观念的痛苦，我们称之为“惭愧”。如若一个人的愉快和痛苦起源于他坚信自己受到了赞赏或指责，便可用以上两个词语来形容这两种情感。在其他情形中，对于这种伴随着外部原因的观念的愉快情感，我们称之为“满意”，而对于伴随着外部原因的观念的痛苦情感，我们称之为“悔憾”。再者，若一个人设想自己能使他人感觉愉快，也可能仅是他自己的想象而已，而且（据第三部分，命题二十五）每个人都悉力设想那些他认为能使自己感觉愉快的东西。如此说来，一个自负的人轻易就变得骄傲，当他以为自己在取悦他人时，实际上却是冒犯了他人。

命题三十一 若我们设想一个人喜爱、欲求或憎恨我们自己所喜爱、欲求或憎恨的事物，那么我们就会以更坚定的喜爱、欲求或憎恨对待这件事物。反之，若我们认为一个人回避我们所喜爱的事物，我们将经受情感的动荡。

证明 若我们设想一个人喜爱某件事物，我们自己也将喜爱那件事物（据第三部分，命题二十七），但现在假设的是，我们先喜爱一件事物，然后设想有人也喜爱着这件事物，因此，我们便添加了一个新的喜爱该物的原因，而之前我们对该物的喜爱则得以增强，由此我们对该物的爱将更加坚定。再者，若我们设想一个人回避某件事物，我们也会使自己回避那件事物（据第三部分，命题二十七）。倘若我们假设自己还同时喜爱着那物，那么我们将既喜爱着那物，又憎恨着那物，换言之，我们将经受情感的动荡（据第三部分，命题十七，注释）。此证。

推论　根据这一命题以及第三部分，命题二十八，可以推得，每个人都尽其所能地努力使别人喜爱他所喜爱的，憎恨他所憎恨的，如诗所云："相爱者共享每一缕恐惧和希望，而爱人之所弃者必是铁石心肠。"

注释　这种使我们自己爱憎的东西普获众人认可的努力，说白了就是"雄心"（参见第三部分，命题二十九，注释），因此，我们便知道，基于人本性中的欲求（appetere），每个人都认为，别人应该按照他的个人倾向而生活，而一旦所有人都遵循这种欲求，他们便会干扰彼此，每个人都想要获得所有人的喜爱和赞美，这只会导致所有人都互相仇恨。

命题三十二　若我们设想一个人能从某件事物中获得快乐，而这件事物只能为他一人所拥有，我们将努力使这个人不再拥有此物。

证明　若我们设想一个人能从某件事物中获得快乐（据第三部分，命题二十七），我们也将喜爱这件事物，并欲求从中获得快乐，但我们欲求的愉快将为另一个人从中获得的快乐所阻碍，因此，我们将努力使这个人不再拥有此物（据第三部分，命题二十八）。此证。

注释　因此，我们便知道，人类本性的构成普遍都是这样，他同情那些命运不济的人，嫉妒那些过得风生水起的人，而他越喜爱别人拥有的好物，他因嫉妒而起的憎恨也就越多。此外，我们也知道，人类本性的特质基本上是相同的，他们有善良仁慈的一面，同时也有嫉妒的一面和雄心勃勃的一面。最后，若我们诉诸经验，我们会发现经验完全证实了我们以上所论述的内容，尤其当我们回顾生命的早期岁月时，更加以验证。我们会发现，儿童的身体总是处于平衡状态，他们或是大笑或是哭闹，单纯是因为他们看见别人在大笑或哭闹，还有，他们不加思索地想要模仿别人的一切举动，想要拥有他们以为使别人快乐的一切东西，因为，如我们已经论述过的那样，事物的映象便是人类身体的情态，抑或是各种模式，人类身体受外部原因的感触或支配于其中以这样或那样的方式行动。

命题三十三 当我们喜爱一件与我们自身类似的事物时，我们也尽可能努力地使这件事物反过来喜爱我们。

证明 我们尽可能努力地设想我们喜爱的事物，优先于其他任何事物（据第三部分，命题十二）。倘若该事物与我们自身类似，我们也将悉力愉快地感触它，优先于其他任何事物（据第三部分，命题二十九）。换言之，我们将尽可能努力使事物受愉快所感触，且这种愉快伴随着我们自身的观念，也就是说（据第三部分，命题十三，注释），这件事物也将反过来喜爱我们。此证。

命题三十四 若我们设想被爱的对象用以感触我们的情感越多，我们就越感觉自足。

证明 我们尽可能努力地（据第三部分，命题三十三）使我们所喜爱的东西也反过来喜爱我们，换言之，我们喜爱的事物应受愉快所感触，而这种愉快伴随着以我们自身为原因的观念。因此，随着被爱的对象因为我们而受更多的愉快所感触，我们的努力也会得到助长，也就是说（据第三部分，命题十一及其注释）我们感受到的愉快也就越多。但是，当我们愉快地感触某些类似于我们自身的东西，并从中获得愉快，我们也将愉快地看待自己（据第三部分，命题三十），因此，若我们设想被爱的对象用以感触我们的情感越多，我们就越感觉自足。此证。

命题三十五 倘若一个人设想，他所喜爱的对象与另一个人相联结，而这种联结要比他与该物的联结更为紧密，他将受感触而憎恨他所喜爱的对象，嫉妒那另一个人。

证明 若一个人想象他所喜爱的对象感触他越甚，这个人就越感觉自足（据上一命题），也就是说（据第三部分，命题三十，注释），他就越感觉愉快，因此（据第三部分，命题二十八），他将尽可能努力地想象所喜爱的对象与他的联结最为紧密。倘若他还想象其他人对该物也有相似的欲求（据第三部分，命题三十一），他的这种努力或欲求还会有所加强。但是，现在假设这种努力或欲求为所爱对象的映象及其相联结的那个人的映象所阻拦，因此（据第三部分，命题十一，注释），他将受痛苦所感触，这种痛苦伴随着以所爱对象为原因的观念及与之相联结的另一个人的映象，也就是说，他将（据第三部分，命题十三）受感触而憎恨他所爱的这个对象及与其相联结的另一个人（据第三部分，命题十五，推论），并且他将嫉妒后者，因其拥有了他所爱的对象。此证。

注释 这种对所爱对象的憎恨中掺杂了嫉妒的情感，被称为"嫉恨"，所以，嫉恨只是一种情感的动荡，而不是其他的什么，这种动荡起因于交杂的爱恨情感，伴随着某个所嫉妒之人的观念。此外，根据嫉恨之人曾常常从与所爱对象的相互喜爱中获得的愉快之多少，也根据他先前对所嫉妒之人投入感情之多少，他对所喜爱的对象的憎恨也随之增减。倘若他曾憎恨那个人，他将直接憎恨那个人所喜爱的对象，因为他认为该对象会愉快地受他憎恨的人所感触，同时也因为，当他想到他所喜爱的对象的映象时，他不得不联想到他所憎恨之人的映象。这样的情况大多出现于对一个女人的爱恋：当他想象他所爱的女人委身于另一个人时，他便感觉痛苦，不仅是因为他自己的欲求受到了制止，也是因为，当他想到他所爱的女人的映象时，他不得不联想到那个占有她的人的生殖器和排泄物的映象，因此他便要抵触她。

必须补充的是，一个嫉恨之人是不会再受到他所爱对象如往日那般的笑脸相迎了，而这又给爱人者带来了痛苦，我将做如下展示。

命题三十六 若一个人回想起他曾从中获得快乐的一件事物，那么他会想如同第一次从中获得快乐时那样于同样情形下拥有该物。

证明 一个人认为能与他所喜爱的对象相联系的每一件事物，对他来说，都能偶然地成为愉快的原因（据第三部分，命题十五），因此，他想要拥有那件他能从中获得快乐的事物，换言之，他会想如同第一次从中获得快乐时那样于同样情形下拥有他所喜爱的对象。此证。

推论 因此，倘若缺失了一个与上述情形有关的条件，爱者便感觉痛苦。

证明 因为，倘若他发现缺失了某些与情形有关的条件，他便会想到某些摈除其存在的东西。现在又假设他因为喜爱而渴望那件事物或那个情形（据上述命题），那么当他设想缺失了某些与情形有关的条件时，他便感觉痛苦（据第三部分，命题十九）。此证。

注释 就这种痛苦与所爱对象的缺失有关而言，我们称之为“惋惜”。

命题三十七 起源于痛苦或愉快，憎恨或喜爱的欲求，随着情感的或多或少而或增或减。

证明　痛苦减弱或约束一个人的活动力量（据第三部分，命题十一，注释），换言之（据第三部分，命题七），减弱或约束了此人凭以维持其自身存在的努力，因此（据第三部分，命题五），痛苦便与上述努力相对立。倘若一个人受痛苦所感触，那么他必定要尽全力消除这种痛苦，但是（据痛苦的定义），随着痛苦的增多，一个人所需要来对抗痛苦的活动力量也会增多，因此，痛苦越多，人所需要的以消除痛苦的活动力量也就越多，也就是说，这个人努力消除痛苦的欲求或欲望也就越大。再者，因为愉快增强或佐助人的活动力量，那么同理可得，一个受愉快所感触的人只想维持这种愉快，而没有其他的欲求，这种维持愉快的欲求也随着愉快的或多或少而或增或减。

最后，因为憎恨和喜爱本身起源于痛苦和愉快的情感，同理可得，起源于憎恨或喜爱的努力、欲望或欲求，都随着憎恨或喜爱的或多或少而或增或减。此证。

命题三十八　若一个人开始憎恨他所喜爱的对象，以至于他对它的喜爱完全毁灭，那么，出于相同的原因，他要比未曾爱过它时更加憎恨它，且他的憎恨随着他曾对它的喜爱之或多或少而或增或减。

证明　倘若一个人开始憎恨他曾喜爱的对象，那么，他的大部分欲望都比他未曾爱过它时受到更多的限制。因为喜爱是一个人会尽可能努力使之长久（据第三部分，命题二十八）维存的愉快（据第三部分，命题十三，注释），为了达到这一目的，他视其所爱的对象为即在当下，且尽可能愉快地感触它。随着他的喜爱愈甚，这种努力也愈甚，而他使所爱对象回报他的青睐的努力也愈甚（据第三部分，命题三十三）。现在，这些努力由对所爱对象的憎恨束缚着（据第三部分，命题十三，推论及第三部分，命题二十三），因此，出于这个原因，爱对象者将受痛苦所感触，他对该对象的喜爱愈甚，这种痛苦也就愈甚，也就是说，除了由憎恨所生发的痛苦，还有一种因他曾喜爱过该对象而生发的痛苦，因此，爱对象者将以更大的痛苦看待他所喜爱过的对象，换言之，他要比未曾爱过它时更加憎恨它，憎恨的程度随着他曾对该对象的喜爱之或多或少而或增或减。此证。

命题三十九 若一个人憎恨另一个人，他将努力去做伤害这个人的事，除非他害怕自己会因此受到更大的伤害，反之，若一个人喜爱另一个人，出于相同的守则，他将努力做有益于这个人的事。

证明 憎恨一个人便是（据第三部分，命题十三，注释）设想这个人是痛苦的原因，因此，若一个人憎恨另一个人，他将努力消除或毁灭这个人。但是，倘若更痛苦的事，或换言之，更大的不幸将随后降临于憎恨者——而且憎恨者认为，若他不对他所憎恨的对象行伤害之事，则能避免这种不幸——那么他宁愿放弃对其行伤害之事（据第三部分，命题二十八），同时，这种弃行伤害之事的意愿（据第三部分，命题三十七）要大于他之前欲行伤害之事的意愿，由此前者便覆盖了后者，这是可以肯定的。该命题的第二部分可根据同样的方法证明。因此，若一个人憎恨另一个人，他将努力做伤害这个人的事，除非他害怕自己会因此受到更大的伤害；反之，若一个人喜爱另一个人，出于相同的守则，他将努力做有益于这个人的事。此证。

注释 良善，我意指各种各样的愉快，以及一切能引起愉快的东西，尤指那些能满足我们愿求的任何东西。邪恶，我意指各种各样的痛苦，尤指那些挫败我们愿求的任何东西。因为我已经论证了（据第三部分，命题九，注释），我们欲求一件事物绝不是因为我们认为它是好的，恰恰相反，正因为我们欲求这件事物，我们才认为它是好的，所以，正因为我们讨厌某些事物，我们才认为它们是邪恶的，因此，人人都要根据他个人的情感来判断或评估哪些是好的，哪些是坏的，哪些是更好的，哪些是更坏的，以及哪些是最好的，哪些又是最坏的。所以，一个守财奴就会认为腰缠万贯便是最好的，而贫穷潦倒便是最坏的。一个有抱负的人所欲求的莫过于荣耀，所恐惧的莫过于耻辱，而对于一个好妒之人来说，最令其快乐的莫过于他人的不济，最令其痛苦的莫过于他人的成就，所以，每个人都依据自己的情感来判断一件事是好是坏，是有用还是无用。若一种情感引得一个人放弃他所期望的东西，或愿求他所讨厌的东西，我们便称之为“怯懦”，也可以把这种情感定义为一种恐惧，即一个人为躲避一场大祸而宁愿遭受一场小祸（据第三部分，命题二十八）。不过，倘若他恐惧的这场祸难实是羞辱，我们便不称这种恐惧为怯懦，而称之为“羞涩”。最后，若避免一场祸难的欲求为对另一场祸难的恐惧所拦截，以至于这个人不知该如何抉择，恐惧就变成了“惊愕”，尤其当这两场祸难都很大的时候。

命题四十 若一个人设想自己为另一个人所憎恨着，而且相信自己并无可以为他所憎恨的原因，这个人将反过去憎恨他。

证明 若一个人设想另一个人为憎恨所感触着，那么前者也将为憎恨所感触着（据第三部分，命题二十七），也就是说，这个人为痛苦所感触着，这种痛苦伴随着一个外部原因的观念。但是，根据我们的假设，除了那个憎恨着他的人，他设想不出其他痛苦的原因，因此，若他设想自己为某个人所憎恨着，他将受痛苦所感触，这种痛苦则伴随着那个憎恨着他的人的观念，换言之，他将反过去憎恨那个憎恨着他的人。此证。

注释 若这个人认为自己拥有为他人所憎恨的原因（据第三部分，命题三十及其注释），那么他将受惭愧所感触，但是这种情况（据

第三部分，命题二十五）极少发生。这种憎恨的互生也可能是因为，我们总是竭力去伤害我们所憎恨的人（据第三部分，命题三十九）。若一个人设想他为另一个人所憎恨着，他便认为这个憎恨着他的人就是某种灾难或痛苦的原因，因此他将由痛苦或恐惧所感触，而这两种情感都伴随着以憎恨他的人为原因的观念，换言之，他将受感触而憎恨那个憎恨着他的人，正如我上面说的那样。

推论一　若一个人设想他所喜爱的人憎恨着他，这个人将陷入爱恨交织的情感冲突中。因为，若他设想自己为人所憎恨着，他必然决定反过去憎恨那个憎恨着他的人。但是，根据假设，他喜爱那个憎恨着他的人，因此他将陷入爱恨交织的情感冲突中。

推论二　倘若一个人设想有另一个他未曾投入过情感的人，出于憎恨而做了伤害他的事，他将立刻谋求以同样的手段予以回击。

证明　若一个人设想另一个人憎恨着他，那么他将（根据该推论的命题）反过去憎恨那个憎恨着他的人，同时（据第三部分，命题二十六）也努力回忆能痛苦地感触该人的一切事物。此外，他将努力去做伤害该人的事（据第三部分，命题三十九）。现在，他所能设想的第一件伤害该人的事，便是该人对他施行的伤害，因此，他将立刻谋求以同样的手段予以回击。此证。

注释　对于这种伤害我们所憎恨着的人的努力，我们称之为“愤怒”，而对于以同样的手段回击伤害的努力，我们称之为“报仇”。

命题四十一　若一个人设想自己为另一个人所喜爱着，而且相信自己并无可以为他所喜爱的原因，这个人将反过去喜爱他。（参见第三部分，命题十五，推论及第三部分，命题十六）

证明　这一命题的证明方式与上一命题的相同。另参见上一命题之注释。

注释　若这个人相信自己拥有为他人所喜爱的原因，他将从中获得快乐（第三部分，命题三十及其注释）。这种情况是经常发生的（据第三部分，命题二十五），而且我们论述过，当一个人设想自己为另一个人所憎恨着，那么就会发生相反的情况（参见上一命题的注释）。这种互生的喜爱，以及惠泽那些喜爱我们（据第三部分，命题三十九）且努力惠泽我们的人的欲求，我们称之为“感恩”或“感谢”。由此看来，相较于回谢恩泽，人们总是更迫于报仇雪恨。

推论　若一个人想象他所憎恨的人喜爱着他，这个人将陷入爱恨交织的情感冲突中。这一推论的证明方式与前述命题之推论一的相同。

注释　倘若憎恨的情感超越了喜爱的情感，这个人将竭力伤害那个喜爱着他的人，我们便称这种情感为“残酷”，尤其当被伤害的人相信自己并无可以为憎恨所伤的正常原因时。

命题四十二　倘若一个人出于喜爱或荣耀的缘故而施他人以泽惠，却看见自己的泽惠没有收到感恩，那么他将感觉痛苦。

证明　当一个人喜爱某个类似于他自己的对象，他将尽他所能地努力使他喜爱的对象反过来喜爱他（据第三部分，命题三十三）。因此，若他对该对象施以泽惠，实则怀有一种收到回复之爱的欲求，就是说（据第三部分，命题三十四）怀有一种收获荣耀或（据第三部分，命题三十，注释）愉快的希望，由此，他将尽他所能地努力设想这种荣耀的原因，或者视其为现实存在着。但是，根据我们的假设，他设想出了其他什么东西，以至于摈除了这种荣耀原因的存在，因此，他将感觉痛苦（据第三部分，命题十九）。此证。

命题四十三　人与人之间的憎恨可以因恨的互生而增多，也可以由喜爱所化解。

证明 若一个人设想他所憎恨的对象反过来憎恨他，由此他将感受到一种新的憎恨，同时仍旧保持（据第三部分，命题四十）着之前的憎恨（根据假设）。但是，从另一方面来说，若他设想他所憎恨的对象喜爱着他，基于这一情况（据第三部分，命题三十八），他将以愉快的情感看待自己，同时（据第三部分，命题二十九）他将悉力取悦这种愉快情感的原因，即他将悉力取悦这个喜爱着他的对象。换言之，他将悉力不去憎恨该对象（据第三部分，命题四十一），同时不以痛苦去感触他。这种努力（据第三部分，命题三十七）将随着引起愉快情感的喜爱之或多或少而或增或减。因此，倘若这个人努力以因恨而生的痛苦感触他所憎恨的对象，而由该对象对他的喜爱引起的愉快超越了这种痛苦，那么喜爱就会战胜憎恨，且驱散了他心头的恨意。此证。

命题四十四 完全为喜爱所战胜的憎恨将转化为喜爱，这种喜爱相较于未曾有恨时产生的喜爱要更大。

证明 这一命题的证明方式与本部分之命题三十八的证明方式相同，因为，若一个人开始喜爱某件他曾常常憎恨或痛苦看待的事物，他必定会由这种喜爱而生发出愉快的情感。这种由喜爱而来的愉快情感又叠加在另一种愉快情感之上，而这另一种愉快情感则起源于对努力消除由恨而来的痛苦情感的佐助（据第三部分，命题三十七），该痛苦则伴随着以所憎恨的对象为原因的观念。

注释 虽然如此，但没有人会为了获得更多的愉快，而去悉力憎恨某件事物，或悉力使自己受痛苦所感触，也就是说，没有人会因为期望从康复中获得愉快，就愿意受到伤害，也不会因为痊愈后的愉快，就渴望生病。因为每个人总是悉力维存他自身的存在，尽他所能去躲避痛苦。倘若我们设想一下相反的情况，即一个人憎恨另一个人是为了以后能更加喜爱他，那么这个人将会永远憎恨他。因为喜爱的力量总是与憎恨的力量相称的，这个人若想更加喜爱他，那么他必定要持续地憎恨他，且这种憎恨感将愈来愈大。出于相同的理由，他将很愿意病得越来越重，就是为了在重获健康后能获得更大的愉快感。这种情况下，他将总是努力使自己生病，而这（据第三部分，命题六）是不合理的。

命题四十五　倘若一个人设想，某个类似于他的人憎恨某件类似于他的事物，而他喜欢这件类似于他的事物，那么他将憎恨那个人。

证明　被爱的对象因那个人憎恨他而对他也产生了憎恨（据第三部分，命题四十），因此，若喜爱该对象的人设想某个人憎恨该对象，便会设想该对象受憎恨所感触，换言之（据第三部分，命题十三），设想该对象受痛苦所感触，因而，喜爱这个对象的人也将受痛苦所感触，而这种痛苦则伴随着以该对象的憎恨者为原因的观念，也就是说，他将憎恨这个憎恨着他所喜爱的事物的人（据第三部分，命题十三，注释）。此证。

命题四十六　倘若一个人为任何一个不同阶级或国家的人所愉快或痛苦地感触着，与此同时，倘若这种愉快或痛苦伴随着以该人为原因的观念，从属于该人之阶级或国家的集体范畴，那么，不论是对于这个陌生的个人，还是对其所从属的整个阶级或国家，这个人将产生喜爱或憎恨的感觉。

证明　根据第三部分，命题十六，这一命题是很清楚的。

命题四十七　若我们所憎恨的事物遭受毁灭或者迫害，由此而生的“欢乐”是不可能不伴随着某种痛苦情感的。

证明　根据第三部分，命题二十七，这一命题是很清楚的，因为，若我们设想有一个类似于我们的事物受痛苦感触，我们自己也会感觉痛苦。

注释 根据第二部分，命题十七的推论，这一命题也可证得。不论何时，当我们回想起某些事情，即使这些事情已成为过去，并不在现实存在着，我们也会认为它们即在当下，同时身体也会受到同样方式的感触，因此，若对某件事物的回忆依旧浓烈，人便被决定用痛苦的情感去看待它，不过，尽管回忆之物的映象尚存，若我们能回想起其他能摈除上述之物存在的事物，这种决定便会受到阻拦，可也没有就此湮灭，所以，当该决定受到阻拦时，回忆之人便感觉愉快。基于这一理由，若我们所憎恨的东西受到了损害，我们便感觉欢乐，而每逢我们回想起该受憎恨的对象时，这种欢乐则再次腾升。因为，就像我们已经论述过的，每次唤起那回忆之物的映象时，就其包含着该事物的本质而言，它决定着回忆之人将以痛苦的情感看待这件事物，正如该物现实存在时，他常以相同的痛苦的情感看待它。然而，由于他在该回忆之物的映象中又加入了其他事物的映象，而这些事物能够摈除该回忆之物的存在，如此，感受痛苦的决定立刻就遭到了拦截，而他则重获喜悦，且每逢他回想起该物时，都能再次体会这种欢乐之情。这样就能解释，为什么人类在回望过去的灾祸时，为什么他们在讲述自已所幸免的危难时，总是沾沾自喜。因为，当人类一回想起这个危难，他们便以为它即将发生，故而被决定感觉恐惧，这种决定又再度为另一个自由的观念，即幸免于难的观念所拦截，如此，他们便再归安稳，再获愉悦。

命题四十八 对于一个人的喜爱或憎恨，比如，对于彼得的喜爱或憎恨，倘若喜爱情感中包含的愉快，或憎恨情感中包含的痛苦与另一个原因的观念产生联系，那么这种喜爱或憎恨将会消失。倘若我们设想彼得并不是其中任一情感的唯一原因，随着该设想程度的加深，这种喜爱或憎恨也将逐渐减弱。

证明　仅仅根据喜爱与憎恨的定义，就能清楚地理解这一命题(据第三部分，命题十三，注释)。因为，单就视彼得为一种情感或另一种情感的原因而言，愉快是对彼得的喜爱，痛苦是对彼得的憎恨。不论是整体地还是部分地移除这种因果关系的条件，对于彼得的情感都将整体地或部分地消失。此证。

命题四十九　若我们设想一件事物是自由的，另一件事物是必然的，而对于这两件事物的其他条件都相同，那么，我们对自由之物的喜爱或憎恨将超过我们对必然之物的喜爱或憎恨。

证明　若我们设想一件事物是自由的，那么这件事物必定（据第一部分，定义七）由它自身所知觉，而不凭借什么其他的东西。因此，倘若我们设想这件事物是愉快或痛苦的原因，那么我们将（据第三部分，命题十三，注释）喜爱或憎恨它，且这种喜爱或憎恨达到了上述情感所能生发的最大程度。但是，倘若我们设想情感的原因是一件必然的事物，那么，我们就会认为这件必然之物并不是唯一的原因，而是情感的多种原因中的一个，因此，我们对这件必然之物的喜爱或憎恨将会减弱。此证。

注释　由此可得，鉴于人类认为自己是自由的，他们对于彼此的喜爱或憎恨总是超过了对其他事物的喜爱或憎恨。考虑到这一点，我们也必须提及第三部分，命题二十七，命题三十四，命题四十及命题四十三中讨论到的情感模仿。

命题五十　任何事物都能偶然地成为希冀或恐惧的原因。

证明　这一命题的证明方式与第三部分，命题十五的相同，另还可参见第三部分，命题十八的注释。

注释　我们称偶然地成为希冀或恐惧的原因的事物为吉兆或恶

兆。现在，就这种征兆是希冀或恐惧的原因而言，它们也是（根据第三部分，命题十八，注释中给出的希冀与恐惧的定义）快乐或痛苦的原因。鉴于此，我们将以喜爱或憎恨的情感看待希冀或恐惧，并且要么把它们当作借以追求我们所希冀东西的途径而悉力运用，要么把它们当作障碍或恐惧的原因而竭力消除。此外，根据第三部分，命题二十五，可以推断出，我们的本性便是乐于相信我们所希冀的，而难于相信我们所恐惧的，还有，我们总是不能判定这些东西的真正价值，不是高估了它们，就是小看了它们，由此便旁生出那些迷俗伪信，歪门邪说，到处流传，迷惑众人。然而，我不认为这里有必要再说明由希冀和恐惧而起的情感动荡。根据这些情感的定义便能推得，希冀无一不含有恐惧，而恐惧也无一不含有希冀，对于这一点，我将于合适的地方进行合理的解释。再者，就我们希冀着或恐惧着某些东西而言，我们将以喜爱或憎恨的情感看待它们，因此，对于我们所论述过的有关喜爱或憎恨的内容，每个人都能自行参考用以考究希冀和恐惧。

命题五十一 不同的人所受同一对象的感触也各不相同，同一个人在不同的时间所受同一对象的感触也各不相同。

证明 人类身体以各种各样的方式受外部物体的感触（据第二部分，公设三）。因此，对于两个不同的人，在同一时间所受的感触可能并不相同（据第二部分，命题十三后的引理三后的公理一），所受同一对象的感触也可能有所差异。此外（据第二部分，公设三），人类身体有时能以一种方式受到感触，有时又能以另一种方式受到感触，因而（据上一公理），人类身体在不同的时间所受同一对象感触也可能各不相同。此证。

注释 如此我们便明白了，为一个人所喜爱的东西也可能为另一个人所憎恨，而为一个人所恐惧的东西也可能并不使另一个人害怕。再有，一个人曾经憎恨的东西也可能为他如今所喜爱着，而他曾羞于面对的，如今亦可能觉得无须畏惧，此类情况，数不胜数。还有，由于每个人都依据自己的情感来判断哪些是好的，哪些是坏的，哪些是更好的，哪些又是更坏的（据第三部分，命题三十九，注释），我们便能推得，人们见解之变化无常，正如情感之相互迥异，所以，当我们把一些人与另一些人进行比较时，仅依据他们情感之互异就可区别他们，故我们称一些人是勇敢的，而称另一些人是怯懦的，同时也会采用其他的名号来称呼那些拥有其他情感的人。例如，倘若一个人对于我常避之不及的灾祸不屑一顾，那么我就称他是勇敢的；倘若我还发现，这个人伤害他所憎恨的人及惠泽他所喜爱的人的欲求都不受对某种灾祸的恐惧所牵制，而这种恐惧却足以束缚我的手脚，我便称他是胆大的。再有，倘若一个人对于我常嗤之以鼻的灾祸流露出恐惧的情感，我便认为这个人是怯懦的；倘若我还发现，这个人会因为对于一场灾祸的恐惧而抑制自己伤害或惠泽他人的欲求，而这场灾祸对我来说却不值一提，我便称他是胆小的。每个人的判断方式都类同此例。

最后，基于这种人类本性及其判断的反复易变，人们判断事物总是遵照自己的情感，随心所欲，妄下定论，他们相信某些事物引起了愉快或痛苦的情感，因此竭力施以推动或阻挠，其实这些事物仅仅是他们想象的产物罢了，更不用说我们在第三部分，命题二十八中所提及的事物的不确定性，所以，我们更倾向于认为，一个人于某个时刻为愉快所感触，于另一时刻又为痛苦所感触，不论是哪种情感，皆伴随着以他自己为原因的观念，因此，我们很容易就能理解“悔憾”和“自足”的含义了。“悔憾”就是伴随着以某人自己为原因的痛苦情感，而“自足”则是伴随着以某人自己为原因的愉快情感，又因为人们相信自己是自由的（据第三部分，命题四十四），所以这两种情感来得至为浓烈。

命题五十二 若我们之前曾看见过一个对象与其他东西有所联结，或者若我们设想一个对象仅拥有众所共同的性质而并无其他的性质，那么我们将一直认为，这个对象不是我们所设想的拥有某种独特性质的对象。

证明 每当我们设想一个曾经看见过的对象，而这个对象与其他的什么东西有所联结，我们也会立刻回想起那些与之联结的其他东西（据第二部分，命题十八及其注释），因此，每次我们一想起这个对象，顿时就会想起另一个对象。若我们设想的对象仅拥有众所共同的性质，而并不拥有其他的什么性质，上述情况依旧适用。因为我们由此就会认为，我们只能看见自己曾在其他与之联结的对象中所看见的东西，而无法看见在它之中还包含着什么其他的东西。但是，假若我们设想一个对象，而这个对象拥有我们之前不曾看见过的独特性质，那么我们必须承认，当人类心灵审视这个对象时，该对象中并无其他的东西可以覆盖且替代该对象出现于心灵之中，也就是说，心灵不会联想起其他的什么东西。因此，人类心灵被决定只能思考这一个对象，故，若我们之前曾看见过一个对象与其他东西有所联结，或者若我们设想一个对象仅拥有众所共同的性质而并无其他的性质，那么我们将一直认为，这个对象不是我们所设想的拥有某种独特性质的对象。此证。

注释 这种心灵的情态，或是对特别事物的想象，就其单独地存在于心灵中而言，我们称之为“惊讶”，但是，若它为我们恐惧的东西所激起，我们便称之为“惊愕”。因为惊讶于从天而降的灾祸，一个人全神贯注，一心思虑眼前的无妄之灾，以至于他再没有力量去想其他什么可凭以躲避灾祸。再者，倘若我们惊讶于一个人的审慎、勤恳，或者其他类似的品格，那么我们就会认为这个人远远超过了我们，在我们之上，我们则称这种惊讶为“敬畏”，反之，若我们惊讶于一个人的愤怒、嫉妒，或者等等类似的东西，我们则称这种惊讶为“惊惧”。还有，倘若我们惊讶于我们所喜爱之人的审慎、勤恳以及其他诸如此类的品格，我们对他的喜爱将由此增多（据第三部分，命题十二），当这种喜爱添加到惊讶或者敬畏中时，我们便称之为“敬爱”。遵循同样的方式，我们也能设想憎恨、希冀、信心，以及其他种种情感与惊讶相互联系在一起，那样我们就能推绎出更多种类的情感，而人类语言所涵盖的词汇就略显匮乏，以至于无法给它们逐一命名。由此，我们便能明白，情感的名称只是字面上符合我们使用的情境而已，并没有表达出情感本性的精准含义。

与惊讶相反的情感则是“不屑”，这种情感的起源通常是因为：由于我们看见某人惊讶于、喜爱或恐惧着某件事物，或者由于我们第一眼看见某件事物时就觉得它类似于我们所惊讶于、喜爱或恐惧着的东西，故而（据第三部分，命题十五，推论及命题二十七）我们才决定惊讶于、喜爱或恐惧着这件事物。但是，当这件事物真正呈现在我们眼前，而我们也谨细地对其加以审视时，我们不得不承认，这件事物没有一处能够成为我们让惊讶、喜爱或恐惧的原因，那么，基于这件事物就在我们眼前，人类心灵仍旧被决定去思考它所不具备的品质，而不是去思考它所拥有的品质。尽管从另一方面来说，既然该物就在眼前，人类心灵更应该考察它所拥有的那些东西才是。正如“敬爱”引申于对我们所喜爱的事物的惊讶，“嘲讽”则引申于对我们所憎恨或恐惧的事物的不屑，而正如“敬畏”引申于对于勤恳的惊讶，

"鄙薄"则引申于对愚蠢的不屑。最后，我们也能设想喜爱、希冀、光荣以及其他种种情感与不屑相互联系在一起，由此推绎出其他不同的情感，而对于这些情感，我们也不能为之冠名，以此将它们区别开来。

命题五十三 当人类心灵审视自身及自身的活动力量时，它会感觉愉快，同时，随着它设想自身及自身活动力量的清晰程度之或多或少，这种愉快也将或增或减。

证明 一个人只能通过他身体的情态以及这些情态的观念来了解自己，而不能借助其他的什么方式（据第二部分，命题十九及命题二十三）。因此，当人类心灵能够审察自身时，便可设想心灵已经转化为较大的完满，或者说（据第三部分，命题十一，注释），心灵感觉到了愉快，同时，随着心灵设想自身及其自身活动力量的清晰程度之或多或少，这种愉快也将或增或减。此证。

推论 若一个人设想自己受到他人的称赞愈甚，这种愉快就愈是增长。因为，随着他设想自己受到他人的称赞愈甚，他想象其他人所感触到的愉快就愈多，而这种愉快则伴随着他自身的观念（据第三部分，命题二十九，注释），因此，他（据第三部分，命题二十七）自己也将受更多的愉快所感触，这种愉快同样伴随着他自身的观念。此证。

命题五十四 人类心灵只努力设想那些确定其活动力量的东西。

证明 人类心灵的努力或力量就是人类心灵的本质（据第三部分，命题七），但是，人类心灵的本质明显只能肯定心灵是什么及心灵能做什么，而不能肯定心灵不是什么及心灵不能做什么，因此，心灵只努力设想那些能确定或肯定其活动力量的东西。此证。

命题五十五 当人类心灵审视自身的弱点时，它将因此感觉痛苦。

证明　人类心灵的本质只肯定心灵是什么或心灵能做什么，换言之，人类心灵的本性就是只设想那些确定其活动力量的东西（据上一命题）。因此，当我们说人类心灵在审视自身的弱点时，我们就是在说，当人类心灵试图设想某些确定其活动力量的东西时，这种努力受到了阻挠——换言之（据第三部分，命题十一，注释），心灵感觉到了痛苦。此证。

推论　倘若一个人设想自己受到他人的指责愈甚，那么这种痛苦也就愈是增长。这一推论的证明方式与第三部分，命题五十三的推论的证明方式相同。

注释　这种伴随着我们自身弱点的观念的痛苦，我们称之为“谦虚”，而这种起源于对自身的沉思的愉快，我们称之为“自爱”或“自足”。同时，一个人每逢沉思于他自身的美德或他自身的活动力量时，这种愉快的情感就会重返心头，如获新生，由此我们便能得出，每个人都乐于分享自己的英勇事迹，向别人显摆自己身体和心灵的力量，同时，也出于这一缘故，人与人总是相看两厌，互生嫌隙。再者，我们还能得出，人之本性便是善妒善嫉的（据第三部分，命题二十四，注释及第三部分，命题三十二，注释），他们看到同侪的缺陷与过失就暗自窃喜，发现同侪的美德便郁闷不已。因为，不论什么时候，每当一个人设想自身的行为时，他总是能为愉快所感触（据第三部分，命题五十三）。若他设想自己的行为越是完满，且设想自己的行为越为清晰了然——也就是说（据第二部分，命题四十，注释），若他越能将自己的行为与他人的行为划分开来，且越认为自己的行为是与众不同的，他就越感觉愉快。所以，当一个人思考自身某种不为他人所具有的品质时，他总是能获得至高的愉快。但是，倘若他所肯定的关于自己的那些东西，都归属于人类或动物的一般观念，那么他就不会感觉特别的愉快。反过来说，倘若他设想自己的行为与他人的行为比较起来，显得尤为逊色，那么他将觉得痛苦不堪，而为了尽力摆脱这种痛苦，他将不惜对同侪的行为加以曲解，也或者尽其所能地将自己的行为美化一通。

由此可见，人类的本性总是趋向于憎恨和嫉妒，而这种趋向后来也为他们的教育所助长。因为，父母总是习惯于仅以荣耀与嫉妒来鞭策他们的孩子遵从美德，但是，也许一些人对于我所说的不能立刻赞同，他们尚有顾虑，踌躇不定，因为我们并不吝啬于赞美他人的美德，或去敬爱拥有高尚品格的人。为了肃清这些疑虑，我将另附以下推论。

推论 没有人会嫉妒不是他的同侪之人的美德。

证明 嫉妒是一种憎恨（据第三部分，命题二十四，注释）或一种痛苦（据第三部分，命题十三，注释），也就是说（据第三部分，命题十一，注释），嫉妒是一种情态，而这种情态可以阻挠人的活动力量或活动努力。但是，若非是出于人之本性的既定的东西，一个人便不会努力或欲求去做什么事，因此，若任何活动力量或美德（两者同为一物）皆出于另外一个人的本性而与他自身的本性相异，那么这个人并不会渴求该活动力量或美德能归结于自身，所以他的欲求不会遭受阻挠，他自己也不会因为注意到某个不与他相似之人的美德而感觉痛苦，故而他便不会嫉妒这个不是他的同侪的人。但是，倘若此人的同侪拥有与他相同的本性，那么他就会对这位同侪心生嫉妒。此证。

注释 因此，正如我们在第三部分，命题四十二中所论述的，我们会因为惊讶于一个人的审慎、勇气等品格而敬爱这个人，而我们之所以会这样做，是因为我们认为那些品格都是他所拥有的独特之物，而不是人人所共有的，如此便与我们的本性区别开来，所以，我们不会嫉妒拥有这些品格的人，就像我们不会嫉妒树木的高耸，也不会嫉妒狮子的勇猛。

命题五十六　有多少种愉快、痛苦、欲求这样的情感，以及由这三种情感复合而成的情感，比如情感的动荡，或者从这三种情感中衍生而来的情感，比如喜爱、憎恨、希冀、恐惧等，就有多少种能够感触我们的对象。

证明　愉快和痛苦，以及由其复合而成的情感，或从其衍生而来的情感，都是激情或心灵的被动状态（据第三部分，命题十一，注释）。现在，就我们拥有不确切的观念而言，我们必然是被动的（据第三部分，命题一），而且，仅仅就我们拥有这些不确切的观念而言，我们才是被动的（据第三部分，命题三），也就是说，仅仅就我们能够设想而言，或（据第二部，命题十七及其注释）仅仅就我们受一种情感所感触，而这种情感既包含着我们自身身体的本性，也包含着一个外部物体的本性而言，我们必然是被动的（据第二部分，命题四十，注释）。因此，若要解释每一种心灵的被动状态的本性，则必然要示明我们凭以受到感触的对象的本性。举个例子，若一种愉快起源于对象 A，那么这种愉快中则包含着对象 A 的本性，同样的，若另外一种愉快起源于对象 B，那么这种愉快中则包含着对象 B 的本性。因此，就引起这两种愉快的原因之本性不同而言，这两种愉快情感的本性也各自相异。同理再来，起源于一个对象的痛苦情感，其本性必然与起源于另外一个对象的痛苦情感之本性各不相同，以此类推，这种情况同样适用于喜爱、憎恨、希冀、恐惧，及心情的动荡等情感。

因此，有多少种类的愉快、痛苦、喜爱、憎恨等情感，就有多少种类的能够感触我们的对象。现在，欲求是为人的本质或本性，这是就设想人之本质或本性为其某个既定的情态所决定而做出特定的行为而言（据第三部分，命题九，注释），因此，倘若一个人通过各种外部原因而为这种或那种愉快、痛苦、喜爱、憎恨等情感所感触，换言之，倘若这个人的本性受这种或那种方式所影响，那么他的欲求也要么是这种，要么是那种，又因为每个欲求所起源的情绪都是不同的，所以这一欲求的本性与那一欲求的本性也必然彼此相异。因此，有多少种类的欲求，就会有多少种类的愉快、痛苦、喜爱等情感，故而（如我们已经论述过的那样）有多少种类的欲求，就有多少种类的能够感触我们的对象。此证。

注释　在为数众多的各种情感（据上一命题）之中，主要的情感有贪吃、酗酒、性欲、贪财和雄心，它们也都属于喜爱或欲求的种类，随着与这两种情感相关的对象的更换而以不同的方式展示两者的本性，因为，之于贪吃、酗酒、性欲、贪财及雄心等情感，我们单纯是指对于美食、酒饮、性交、财富及名望的不加以约束的过分喜爱。此外，若我们仅仅依据与这些情感有关的对象而将它们彼此区分开来，我们并不能发现有哪些与它们相对立的情感。因为，我们常常以为与贪吃、酗酒以及性欲相对立的节制、清醒和贞节，其实并不是情感或心灵的被动状态，它们只昭示了一种约束这些情感的心灵的力量。然而，这里我不能对其余的各种情感逐一做出解释（可见它们同对象一样为数众多，种类不同），就算我能够进行解释，也并没有这个必要。对于我们的目的，即确定情感的力量，及确定心灵约束情感的力量，以及对每一种情感都作一个一般的定义，以上所讨论的便已足够。我还要重申一遍，对于理解情感与心灵的共同特性，以及使我们能够确定心灵力量之约束且控制情感的特性及其所能达到的程度，以上所讨论的就已足够。因此，尽管在喜爱、憎恨或欲求的不同情感之间有着巨大的差异，例如对孩子的喜爱与对妻子的喜爱之间的差异，我们并没有必要去识别这些差异，或者追根溯源，进一步去探索情感的本性和起源。

命题五十七　仅就一个个体的本质不同于另外一个个体的本质而言，任何该既定个体的情感都不同于另外一个个体的情感。

证明　根据第二部分，命题十三，引理三后的公理一，这一命题是很清楚的。不过，我们将从三种初级情感的本性出发进行论证。

所有的情感都可归因于欲求、愉快或痛苦，正如我们之前给出的三种情感的定义所展示的那样。但是，欲求就是人的本性或人的本质（据第三部分，命题九，注释），因此，仅就一个个体的本性或本质不同于另外一个个体的本性或本质而言，一个个体的欲求也不同于另外一个个体的欲求。再者，愉快和痛苦是为心灵的被动状态或激情，而每个人维持自身存在的力量或努力都凭此得以增强或是减弱，得到提升或受到阻挠（据第三部分，命题十一及其注释）。但是，对于维持自身存在的努力，就其同时归因于心灵和身体而言，我们称之为欲望和欲求（据第三部分，命题九，注释），因此，愉快和痛苦就是遵照外部原因而得以增强或减弱，受到提升或阻挠的欲求和欲望，换言之，愉快和痛苦就是人的本性。因此，仅就一个人的本性或本质不同于另外一个人的本性或本质而言，为一个人所感觉到的愉快和痛苦也不同于另外一个人所感觉到的愉快和痛苦，故而仅就一个个体的本质不同于另外一个个体的本质而言，任何该既定个体的情感都不同于另外一个个体的情感。此证。

注释　由此便可推出，我们称动物的情感是无理的（因为了解了心灵的起源后，我们不能怀疑动物是有情感的），鉴于动物的本性与人类的本性并不相同，动物的情感与人类情感也是各自相异的。比如，马和人都同样地为繁衍的欲求所驱动着，但是马的欲求是属于马的，人的欲求是属于人的，两者并不相同。所以，鉴于其本性各自相异，昆虫、鱼和鸟的欲望也必定各不相同。因此，尽管每个个体都于其凭以存在的本性中自得其乐，可他们所能自得其乐的生命力也只不过是个体的观念或精神罢了，由此说来，就一个人的本质与另外一个人的本质各不相同而言，一个人的欢乐仅在本性上就与另外一个人的欢乐所相异。最后，根据上一命题，我们还可以推得，为一个酒鬼所激动的欢乐和为一个哲学家所拥有的欢乐之间其实并无差别，对于这一点，这里我只顺带一提。目前为止，我们所讨论的归属于人类的情感，都是就人类是被动的而言的。接下来我们所简要补充的归属于人类的情感，则就人类是主动的而言。

命题五十八 除了愉快和欲求这些属于被动的状态或激情以外，就我们是主动的而言，还有属于我们的其他从愉快和欲求中衍生而来的情感。

证明 当人类心灵设想自身及其活动的力量时，心灵会感觉愉快（据第三部分，命题五十三）。现在，当人类心灵设想一个真实的或确切的观念时（据第二部分，命题四十三），心灵必然要审察其自身，但是人类心灵确实会设想某些确切的观念（据第二部分，命题四十，注释二）。因此，就人类心灵设想确切的观念而言，心灵会感觉愉快，也就是说，就人类心灵是主动的而言（据第三部分，命题一），心灵会感觉愉快。再者，既就人类心灵拥有清晰明了的观念而言，也就人类心灵拥有混乱的观念而言，心灵在努力维持其自身的存在（据第三部分，命题九），但是，我们将这种维持自身存在的努力理解为欲求（据第三部分，命题九的注释），因此，就我们所理解的而言，或就我们是主动的而言，欲求也属于我们，与我们相联系。此证。

命题五十九　在一切归因于心灵主动性的情感中，没有哪一种情感不与愉快或欲求相联系。

证明　一切情感都能与欲求、愉快或痛苦相联系，正如我们之前给出的三种情感的定义所展示的那样。现在，对于痛苦，我们意指能够减弱或阻挠人类心灵的思想力量的情感（据第三部分，命题十一及其注释），因此，就心灵感觉痛苦而言，心灵的思想力量，也就是说，心灵的活动力量受到了减弱或阻挠（据第三部分，命题一），所以，基于人类心灵是主动的，没有痛苦的情感可以归因于心灵，而只有愉快和欲求的情感可以归因于心灵（据上一命题），与心灵想联系。此证。

注释　一切源于情感的行为，都可基于心灵的主动性而归因于心灵，我认为这些行为都来自坚忍（fortitudo）的力量，同时我将这种力量分为两类，一类是勇敢（animositas）的力量，一类是高尚（generositas）的力量。勇敢，我意指，每个人仅遵循理性的命令而奋力维持他自身存在的欲求。高尚，我意指每个人仅遵循理性的命令而努力帮助他人，并努力与他们建立友谊的欲求。因此，对于那些看起来仅有利于施事者的行为，我将其归结于勇敢，而对于那些旨在利及他人的行为，我将其归结于高尚。因此，节制、清醒及临危不惧等，皆属于勇敢之种类；礼貌、宽容等，皆属于高尚之种类。

由此，我认为自己已经阐释了由愉快、痛苦、欲望三种初级情感复合而成的各种各样的主要情感及动荡情感，并且还基于它们的主要原因加以举例。根据我已经论述过的内容，可以清楚的是，我们总是反复无常地为外部原因所驱动，正如那大海中的波浪为反向吹来的风所阻挠着，我们辗转反侧，夜不成寐，前路一片迷茫，命运无所寄托。但是我已经说了，我们仅能罗列主要的矛盾情感，而不能一一加以分别。因为，遵循与以上相同的方法，我们很容易就能表明，若喜爱与悔憾、嘲讽、惭愧等相关联时将产生怎样的情感，而我也曾说过，情感能以多种方式彼此复合交织，其中又生多样变化，无尽衍生，连绵不绝，以至无法估量，对于这一点，我想每个人都能认同。然而，考虑到我的目的，那么将最重要的一些情感列举出来便已足够。至于其他我所略去的情感，若出于好奇，当然能再加以斟酌，可对我的目的却并无增益，故属实不必。亟待讨论的是，关于喜爱，有一种情况经常发生，即当我们享受一件我们所渴望的事物时，基于这种享受行为，我们的身体将获得一种新的情状，而这种情状又以它的方式对身体施加种种影响，于身体中唤起其他事物的映象，于是心灵就开始设想并欲求某件新的事物。例如，当我们设想某种美食常以它的香味愉悦我们，我们便欲求享受它，也就是说，我们想要品尝它。但是，若我们享受它时，我们的胃饱了，那么此时身体则呈现出另外一种情状。因此，当身体呈现出这样一种新的情状时，美食的映象以及享受它的努力或欲求仍未消失，还于当下存在着，而新的身体情状却反感这种欲求或努力，因而我们之前所渴求的美食现在就变得令我们讨厌了。我们称这种感觉的剧变为饱足或厌倦。此外，我还忽略了一些人类身体的外在情态，这些情态于例如战栗、憔悴、哭泣、大笑等情感中皆能为人所察见，因为它们只归属于人类身体，与心灵毫无关联。最后，关于情感的定义，还有几点需要解释，因此我将于下面复述一遍各情感的定义，同时于适当的地方加以说明。

情感的定义

（一）欲求，是指人的现实本质，这是就设想人的现实本质为人的某种既定的情态所决定去做出特定的行为而言。

说明 在本部分命题九的注释中，我们已经论述过，欲求就是意识到自身的欲望，以及，欲望就是人的本质，这是就人的本质被决定以一种趋于促进其持续存在的方式去行动而言。但是，我也于该注释中提过，严格说来，我认为欲望和欲求之间并无差别。因为，不论一个人是否能意识到自己的欲望，欲望总是保持不变的，总是那同一个欲望。因此，为了避免无谓的重复，我刻意没用欲望来解释欲求，但是我也曾有意为其下一个定义，以期涵盖我们以欲望、意志、欲求或冲动来加以区别的一切人类本性的努力。我可能也曾说过，就设想人之本质被决定去做特定的行为而言，欲求就是人的本质，但是根据这一定义（参见第二部分，命题二十三），我们并不能得出，心灵能意识到自身的欲求或欲望。因此，为了表明这种意识的原因，便有必要添上“就设想人的现实本质为人的某种既定的情态所决定去做出特定的行为而言”。因为，对于人的本质的情态，我们将其理解为人的本质的情状，不论这种情状是生来就有的，还是仅凭借思想的属性设想而来，或是仅凭借延展的属性设想而来，又或是同时与这两种属性相联系。故而，对于欲求一词，我们这里意指人的一切努力、冲动、欲望，以及意愿，而它们也依循人的情状不同而变化无常，所以它们常常彼此对立，一个不同于一个，这就是为何一个人会思绪万千，为各种不同的情感所侵扰，茫茫然不知何去何从。

（二）愉快，是指一个人从一个较小的完满到一个较大的完满的转化。

（三）痛苦，是指一个人从一个较大的完满到一个较小的完满的转化。

说明 我说的是转化，因为愉快并不是完满本身。倘若一个人生而就有他经过转化才能到达的完满，那么当他再次拥有与之相同的完满时，他将感受不到愉快。关于这一点，从与愉快相对立的痛苦情感的角度考虑，会更加清楚。没有人会否认，痛苦是向较小的完满的转化，痛苦也并非较小的完满本身，因为，就一个人拥有某种程度的完满而言，他不会感觉痛苦。我们也不能说，痛苦就是一个较大的完满的缺失，因为缺失就意味着不包含，然而痛苦的情感却是活动着的，所以，这种活动也只在于从一个较大的完满到一个较小的完满的转化——换言之，是一种能减弱或约束人的心灵活动力量的活动（参见第三部分，命题十一，注释）。关于欢愉、兴奋、忧郁和悲痛的定义，这里我便略去不提，因为这几种情感一般都与身体有关，它们仅仅是愉快或痛苦的种类罢了。

（四）惊讶，是指为心灵所沉思着的对某个事物的想象(imaginatio)，因为这一特定的想象与其他的想象毫无关联（参见第三部分，命题五十二及其注释）。

说明 在第二部分，命题十八的注释中，我们已阐释过为什么心灵会一想到一件事物便能联想起另外一件事物，因为这两件事物映象的排列与关系便是一个映象紧随着另外一个映象，而倘若是一件新事物的映象，那么便不会有类似这种关联或排列的情况。心灵将陷入对该新事物的沉思，直至为其他原因所决定去思考另外的事物。

因此，关于这一新事物的想象，就其自身而言，是与其他的想象具有相同的本性的，故而，我并不把惊讶纳入情感之列，我也找不出应该将其纳入情感之列的原因，因为这种心灵的联想并不基于将心灵引离其他对象的积极原因，而是仅起源于某个心灵缺少的原因，该缺少的原因本应决定心灵一想到一个对象便能联想起另外一个对象。

因此，我只承认三种初级原始情感或初级情感（正如我在第三部分，命题十一的注释中展示的），即愉快、痛苦以及欲求，而我之所以提及惊讶，单纯是因为若从那三种情感中衍生出某些与我们惊讶的对象相关联的情感，人们总是习惯于给这些情感冠以不同的名目。出于同样的理由，我又要补充一下不屑的定义。

（五）不屑，是指对心灵无关紧要之物的想象，且若该物即在眼前，心灵总是更愿意想象该物所没有的特质，而不愿意想象该物所拥有的特质（参见第三部分，命题五十二，注释）。

关于敬畏和鄙薄的定义这里我便略去不提，因为我并没有想到任何以它们命名的情感。

（六）喜爱，是指一种愉快，这种愉快伴随着一个外部原因的观念。

说明　这一定义充分清楚地阐释了喜爱的本质。有些作家也给喜爱作了定义，说喜爱便是喜爱之人意愿将自身与被爱的对象相关联，而这表示的只是喜爱的一种特性，并非喜爱的本质。同时，由于这些作家并没有透彻地了解喜爱的本质，他们也无法对喜爱的特性做出准确的概括，故而人们普遍都觉得他们所下的定义含糊不清，晦涩难解。然而，必须注意的是，我所谓的喜爱的特性，即喜爱之人意愿将自身与被爱的对象相关联。对于这里的意愿一词，我并不指心灵的认同，心灵的结论，抑或心灵的自由决定（因为我已于第二部分，命题四十八中论述过，这是虚构的想象）。我也并非指当该被爱的对象不存在时与之相关联的欲求，也并不指当该对象存在时延续其存在的欲求。因为，若是脱离了这些欲求，喜爱仍可为我们所设想，而这里的意愿一词，我指的是当喜爱之人面对其喜爱的对象时于自身所生发的满足。依助于这种满足，喜爱之人的愉快得以增强，或者至少得到了保存。

（七）憎恨，是指一种痛苦，这种痛苦伴随着一个外部原因的观念。

说明 根据上一定义的说明中所阐释的内容，这些论述很容易就能理解（另请参见第三部分，命题十三，注释）。

（八）偏爱，是指一种愉快，这种愉快伴随着某个事物的观念，而该事物是这种愉快的一个偶然原因。

（九）反感，是指一种痛苦，这种痛苦伴随着某个事物的观念，而该事物是这种痛苦的一个偶然原因（参见第三部分，命题十五，注释）。

（十）敬爱，是指对为我们所惊讶且敬佩之人的喜爱。

说明 惊讶（admiratio）起源于（如我们于第三部分，命题五十二中所示）事物的新颖性。因此，倘若我们常常设想我们惊讶的对象，那么我们将渐渐不再惊讶于它，故而我们知道，敬爱的情感很容易就蜕变为简单的喜爱。

（十一）嘲讽，是指一种愉快，这种愉快起源于我们的一个设想，即我们所憎恨的对象拥有我们所鄙视的品质。

说明 就我们鄙视我们所憎恨的事物而言，我们否定该事物的存在（据第三部分，命题五十二，注释），也由此感到喜悦（据第三部分，命题二十）。但是，既然我们假设一个人憎恨着他所嘲讽的东西，由此便可推得，这种愉快并不长久（参见第三部分，命题四十七，注释）。

（十二）希冀，是指一种变化无常的愉快。这种愉快起源于过去的或未来的某件事物的观念，而我们对该事物的结果持有一定的怀疑态度。

（十三）恐惧，是指一种变化无常的痛苦。这种痛苦起源于过去的或未来的某件事物的观念，而我们对该事物的结果持有一定的怀疑态度（据第三部分，命题十八，注释）。

说明 根据这些定义，我们可以推得，希冀无一不掺杂着恐惧，而恐惧无一不掺杂着希冀。因为，若一个人希冀着某件事物，同时对该事物的结果持怀疑态度，不能对其加以肯定，那么他就会设想其他的某件事物，而这件事物将于未来摈除上述事物的存在，故而他将感觉痛苦（参见第三部分，命题十九），所以，就他希冀着某件事物而言，他恐惧着这件事物的结果，担心这件事物会遭受摈斥。反之，若一个人恐惧着或怀疑着某件事物的结果，换言之，他对他所憎恨的某件事物的结果持怀疑态度，那么他也会设想其他的某件事物，而该事物也会摈除上述事物的存在，故而他便感觉愉快，他便自然而然地希冀自己的欲求得以实现，即他希冀他所憎恨的事物遭受摈斥（据第三部分，命题二十）。

（十四）信心，是指一种愉快，这种愉快起源于过去或未来的某件事物的观念，其中一切能导致怀疑的原因都被去除了。

（十五）绝望，是指一种痛苦，该痛苦起源于过去或未来的某件事物的观念，而其中一切能导致怀疑的原因都被去除了。

说明 因此，若一切能导致对某件事物结果的怀疑的原因都得以消除，希冀则生信心，恐惧则生绝望，而之所以这样，或是因为人们设想并认为过去或未来的某件事物就于当下存在着，也或是因为人们设想着其他某些事物，而这些事物足以摈除导致其怀疑的原因。因为，对于任何个体事物的结果，虽然我们不能做出绝对的肯定（据第二部分，命题三十一，推论)，但却能对其不加置疑。而正如我们已经论述过的，对某件事物不加置疑和对某件事物绝对肯定，两者并非同一回事（据第二部分，命题四十九，注释)，所以，我们也可能为过去或未来的某件事物所愉快或痛苦地感触，一如这事物即在当下时愉快或痛苦地感触我们。关于这一点，我已于第三部分，命题十八及其所附注释中论述过，请读者参见。

（十六）欢乐，是指一种愉快，这种愉快伴随着过去某件事物的观念，而该事物的结果超越了我们的希冀。

（十七）失望，是指一种痛苦，这种痛苦伴随着过去某件事物的观念，而该事物的结果与我们所希冀的正相对立。

（十八）怜悯，是指一种痛苦，这种痛苦伴随着某场降临于与我们相似之人的灾祸的观念（参见第三部分，命题二十二，注释及第三部分，命题二十七，注释)。

说明 怜悯与同情（misericordia)之间似乎并无差别，唯一的差别可能就是，怜悯一词指的是一种特定的行为，而同情一词则指的是一种情状。

（十九）赞许，是指对做裨益他人之事的人的喜爱。

（二十）愤慨，是指对做损害他人之事的人的憎恨。

说明 我知道，这里所使用的词语的意义不同于日常生活中人们赋予它们的普遍意义，但是我的目的只在于阐释事物的本性，而不是阐释词语的意义。因此，我对这些词语加以利用时，尽可能在借它们传递我所想要表达的意思的同时，也不使它们太脱离日常生活中的一般意义。简单地解释一下我的定义方式，这也足够了。至于上述情感的原因，则请参见第三部分，命题二十七的推论一及第三部分，命题二十二的注释。

（二十一）过誉，是指我们出于对一个人的喜爱而高估他。

（二十二）蔑视，是指我们出于对一个人的憎恨而看轻他。

说明 由此可见，过誉是喜爱的一种结果，而蔑视是憎恨的一种结果，所以，就其引得一个人高看他所喜爱的对象而言，过誉也能定义为喜爱，反之，就其引得一个人小看他所憎恨的对象而言，蔑视也能定义为憎恨。（参见第三部分，命题二十六，注释）

（二十三）嫉妒，是指一种痛苦，这种痛苦使得一个人为他人之福所痛苦，为他人之祸所喜悦。

说明 一般来说，与嫉妒相对立的情感便是同情，这里所说的同情与平常意义的同情差距甚大，我是如下定义的：

（二十四）同情（misericordia），是指一种喜爱，这种喜爱使得一个人为他人之幸运所喜悦，为他人之厄运所痛苦。

说明 若想更多地了解嫉妒，可参见第三部分，命题二十四的注释及命题三十二的注释。这些情感也起源于伴随着外部事物的观念的愉快或痛苦，而该观念或以这个外部事物为原因，或另有一个偶然原因，而我将于下面讨论的一些情感，则伴随着以某些内在事物为原因的观念。

（二十五）自足，是指一种愉快，这种愉快起源于一个人对其自身及其活动力量的深思。

（二十六）谦虚，是指一种痛苦，这种痛苦起源于一个人对其身体或心灵的弱点的沉思。

说明 就我们认为愉快起源于对我们自身活动力量的沉思而言，自足与谦虚相对立，但是，若我们认为愉快伴随着某种行为，且我们相信这种行为的实现出于心灵的自由决定，那么自足则与悔憾相对立，因此我们将如下定义：

(二十七) 悔憾，是指一种痛苦，这种痛苦伴随着某种行为的观念，且我们相信这种行为的实现出于心灵的自由决定。

说明 关于这些情绪的原因，我们已于第三部分，命题五十一的注释及第三部分，命题五十三，命题五十四，命题五十五及其注释中探讨过，而关于心灵的自由决定，参见第二部分，命题三十五的注释。我想提醒读者注意的是，凡人之言行举止，若世人称其为恶，则有痛苦相伴，若世人称其为善，则有愉快相伴，这一点实不足为奇。据前文所述，这一现象主要归结于世人所受的教育。为人父母者多斥拒恶行，若他们的孩子沾染了恶习，他们则不胜其烦，求全责备，同时，他们推崇善行，歌功颂德，这才使得前者常与痛苦相伴，而后者常与愉快相伴。这也是可以根据我们的经验证得的。因为，世人的习俗与宗教总各有各的喜好与忌讳，有些人认为是神圣崇高的东西，对于另外一些人来说却是亵渎不虔，而有些人认为是无上荣光的东西，却有人觉得无耻之尤。所以，一个人对于某种行为或是感觉悔憾，或是感觉荣光，这都是由他所受的教育导致的。

(二十八) 自傲，是指出于自爱而自视甚高。

说明 因此，自傲与过誉是不同的，过誉指高估他人，自傲则指高估自己。然而，正如过誉是出自对他人的喜爱，自傲则是出自于对自己的喜爱，所以自傲也可以定义为自恋或自足，这是就其使得一个人过高地评价自己而言。从这个意义上来讲，是没有与自傲相对立的情感的，因为，没有人会出于憎恨自己而轻视自己。就算一个人认为自己这也不会做那也不会做，他也不会就此便轻视自己。因为，若一个人想象自己不会做什么事，这个想象便是必然的，那么受这个想象的感触，他就认为自己真的不会做那件事。只要他一直认为自己不会做那件事，他就会一直不决定做那件事，因此他就会一直不去做那件事。然而，若我们单从想法的角度考虑，我们就会发现，我们是可以设想一个人会轻视自己的。因为，若一个人总是因自己的弱点而感到悲痛，他就会想象所有人都鄙视他，然而其他人可能并没有鄙视他的想法。还有，倘若对于当前与他有关的某些事物，虽然他并不确定该事物未来将如何，但他仍会对其加以否定，那么他也会就此轻视自己，比如，倘若他声称自己不能拥有任何正确的观点，或声称自己只想并且只能去做那些邪恶卑劣的事，却不能有其他什么欲求，不能去做其他什么事，等等之例。再者，当我们见到一个人因过于害羞而拒绝做那些他的侪辈们敢于去做的事，我们也会说这个人过于轻视自己了。如此说来，我们就能找到一种与自傲相对立的情感，而我把它称作自卑，给它作如下定义：

（二十九）自卑，是指出于痛苦而妄自菲薄。

说明 然而我们普遍习惯于将自傲与谦虚相对立，如若是这种情况，我们更多关注的其实是这两种情感的影响，而不是它们的本质。我们称一个人自傲，是指他总是自吹自擂，大谈特谈自己的优点，却去指责别人的不足，认为自己高人一等。他还趋附于那些地位比他优越的人，崇尚表面的浮华与格调。从另一方面来说，我们称一个人谦虚，是指他常常感觉惭愧，引咎自责，忏悔自己的过错，宣扬他人的美德，不汲于瞩目，不事于边幅。然而，谦虚与自卑这类情感实是极为鲜有的。因为，就人类本性来说，对于这些情感总是会奋力抵触的（据第三部分，命题十三，及命题五十四），故而，世人所相信的那些最自卑或最谦虚的人，实是最有雄心和最易嫉妒之人。

（三十）光荣，是指一种愉快，这种愉快伴随着我们自身某个行为的观念，且我们相信这一行为是为他人所称赞的。

（三十一）惭愧，是指一种痛苦，这种痛苦伴随着我们自身某个行为的观念，且我们相信这一行为是为他人所指责的。

说明 关于这两种情绪，请参见第三部分，命题三十的注释，但是我们应在这里指出羞耻和庄重的区别。羞耻是一种痛苦，它伴随着我们觉得羞耻的行为而来。庄重则是对羞耻的恐惧或害怕，故而它会约束一个人不去做卑劣之事。庄重常常与无耻相对立，但是后者并不是一种情感，对此我将于合适的地方加以解释，但是，正如我已经提过的那样，情感的名目只能借以使用，而不能表示情感的本性。

（三十二）惋惜，是指拥有某件事物的欲求或欲望，只要一回想起该事物，这种欲望或欲念就会增强，与此同时，只要一回想起其他能摈除该事物存在的东西，这种欲望或欲念则又得以抑制。

说明 我已不止一次地提过，每当我们回想起一件事物，沉思其中，我们就会为某种情感所感触，而这种情感正如该物即在当下时用以感触我们的情感，但是，只要我们是清醒的，这一情状或努力常常为其他能摈除该物之存在的事物的映象所滞碍着。因此，当我们回想起某个曾以愉快感触我们的事物，我们将努力以同样的愉快审视它，一如它即在当下，但我们也会立刻想起其他能摈除该物之存在的事物，于是这种努力便会受到阻挠。因此，严格说来，惋惜就是一种痛苦，这种痛苦与一种因我们所憎恨的事物的缺失而引起的愉快相互对立（参见第三部分，命题四十七，注释）。但是，由于惋惜一词看起来与欲求有关，我便将其放入起源于欲求的那些情感之中。

（三十三）争强，是指对某件事物的欲求，这种欲求起因于我们认为他人也有同样的欲求。

说明 一个人因看见其他人奔逃而奔逃，因看见其他人恐惧而恐惧，或者，一个人看见另一个人烧伤了手，便缩起他自己的手，身体也做出一系列动作，就像烧的是他自己的手一样，那么就可以说，这个人在模仿他人的情感，而不是要与他争强。这并不是因为争强与模仿的原因有所不同，而是因为若一个人模仿着去做我们认为荣耀的、有用的或愉快的事，我们就习惯于把他称作争强。至于争强的原因，参见第三部分，命题二十七及其注释。我们已于第三部分，命题三十二及其注释中提到过，争强常常与嫉妒成对出现，若要究其缘由，尽请参阅。

（三十四）感谢或感恩，是指起源于喜爱的欲求或热心，凭此我们努力施泽于那些曾因同样的爱而施泽于我们的人。参见第三部分，命题三十九，注释及命题四十。

（三十五）仁善，是指使我们所怜悯的人受益的欲求。（参见第三部分，命题二十七，注释）

（三十六）愤怒，是指因恨而去伤害我们所憎恨的人的欲求。（参见第三部分，命题三十九）

（三十七）报仇，是指因彼此间的恨意而去伤害曾因恨伤害过我们的人的欲求。（参见第三部分，命题四十，推论二及其注释）

（三十八）残酷或残忍，是指一个人被挑动而伤害他所爱的或所怜悯的人。

说明　与残酷相对立的是慈悲，慈悲不是心灵的被动状态，而是一个人凭以抑制他的愤怒和报仇的心灵力量。

（三十九）怯懦，是指为躲避一场为我们所惧的较大的灾祸而承受一场较小的灾祸。（参见第三部分，命题三十九，注释）

（四十）胆大，是指一个人受挑动而敢于去做其侪辈不敢尝试的有危险的事的欲求。

（四十一）胆小，是指一个人因恐惧其同侪所不惧的危险，就克制自己的欲求。

说明 因此，胆小只是对某种灾祸的恐惧，而不是其他的什么东西，且这种灾祸是常常为大多数人所恐惧着的，所以，我并不认为胆小是起源于欲求的情感。然而，我还是选择把它放在这里，因为，就欲求而言，胆小确实是与胆大这种情感相对立的。

(四十二）惊愕，是指一个人因惊讶于他所恐惧的灾祸而陷入呆愕，无法实现其躲避灾祸的欲求。

说明 如此看来，惊愕就是一种胆小，但是，就惊愕起源于两种恐惧而言，也能更易将其定义为一种因人不能消解灾祸而惶然无措、踌躇不决的恐惧。我说惶然无措，是基于我们认为这个人消解灾祸的欲求因呆愕而不能实现，又说踌躇不决，是基于我们认为这种消解灾祸的欲求为对另一场灾祸的恐惧所束缚着，因为对他来说，这两场灾祸都是同样的折磨，故而他不能决定到底承受其中的哪一个，又避免其中哪一个，如此便瞻前顾后，犹豫不定。关于这种情感，可参见第三部分，命题三十九的注释及第三部分，命题五十二的注释。关于胆小和胆大两种情感，可参见第三部分，命题五十一的注释。

(四十三）礼貌，或尊重（Humanitas seu modestia)，是指以取悦他人的方式行事且不行触犯他人之事的欲求。

(四十四）雄心，是指对于力量的不加节制的欲求。

说明 雄心是培养且增强一切情感（参见第三部分，命题二十七及命题三十一）的欲求，因此，这种情感很难加以抑制。因为，只要一个人拥有某种欲求，他就必然同时拥有雄心。西塞罗曾说："最伟大的人尤为受到雄心的鞭策，甚至是那些哲学家们，当他们撰写一本书以贬斥雄心时，却将姓名署在了书本上。"

(四十五）贪吃，是指对于美食的过度喜爱或欲求。

(四十六）酗酒，是指对于酒饮的过度喜爱或欲求。

（四十七）贪财，是指对于财富的过度喜爱或欲求。

（四十八）性欲，是指对于性交的过度喜爱与欲求。

说明 不论这种欲求是否过度，我们仍称之为性欲。

最后这五种情感（正如我在第三部分，命题五十六中所论述的）并无相对立的情感，因为尊重也属于雄心中的一种。参见第三部分，命题二十九，注释。

还有，我已经指出了，节制、清醒，以及贞节表示的是心灵的力量，而不是心灵的被动状态。尽管一个贪婪的人、一个有雄心的人，或一个怯懦的人也有可能戒绝暴食、烂醉或滥交，可是贪婪、雄心和恐惧并不是贪吃、酗酒及性欲的对立情绪。因为，若费用记在另一个人的账单上，贪婪之人也会常乐于狂吃海塞，大快朵颐。对于有雄心的人，只要他认为自己的放纵不为人所知晓，他也不会约束自己，并且，倘若他身处醉汉与滥交者之间，仅出于对名望的看重，他将更趋于感染那些恶习以逢迎周围的人。怯懦之人总是去做那些他并不愿意做的事。因为，尽管一个贪婪之人会为了躲避死亡而把他的财产全部投入大海，他也不会不再贪婪，同样的，倘若一个贪欲之人总因为不能遵从本心而闷闷不乐，他也不会因这节欲就不再贪欲了。所以，这些情感并不太与现实中的吃喝玩乐有关，而是与吃喝玩乐的欲望和喜好有关。因此，除了高尚的力量和勇敢的力量，再无其他的东西能与这些情感相互对立，而对于这两种力量，我们以后还会论及。

关于嫉恨的定义以及其他的心灵的动荡，这里我就暂且略过，因为第一，这些情感皆由我们已描述过的情感复合而成，第二，这些情感中有很多并无专有的名讳，因而出于实用的目的，对它们仅做笼统的了解便已足够。根据我们所罗列出的各种情感的定义，可以肯定的是，这些情感无一不源于欲求、愉快或痛苦这三种初级情感，或者再确切一步讲，除了这三种初级情感，再无其他的什么情感。所以，不论是这三种情感中的哪一种，依照其自身所拥有的众多不同的关系及外在标志，都能衍生出各种各样的情感，而这些情感则又被冠以种种名目。现在，倘若我们将注意力集中于这三种原始情感，以及上面已经论述过的关于心灵的本性的内容，那么我们便能给情感下个定义，而且这是就情感仅与心灵有关而言。

情感的普遍定义

情感，我们称之为心灵的被动状态，它是一个混乱复杂的观念，心灵则借之以肯定一种较之前更大或更小的存在（existendi vis）的力量。这种存在的力量与其身体或身体的某一部分相关联，同时，心灵为这一观念的现实存在所决定去思考一件事物，而不去思考另一件事物。

说明 首先，我说的是，心灵的情感或激情是一个混乱复杂的概念。因为，我们已经论述过，仅就心灵拥有不确切的观念或复杂的观念而言，心灵才是被动的（据第三部分，命题三）。再者，我说的是，凭借这一观念，心灵肯定了一种较之前更大的存在的力量，这种存在的力量是与其身体或身体的一部分相关联的。因为，我们所拥有的一切人类身体的观念，都表示了我们自己身体的实际情状（据第二部分，命题十六，推论二），而不表示外部物体的本性。但是，组成一种情感的真实性的观念，必定要表示或表现身体的情状，或者身体之一部分的情状。这是因为，身体的活动力量或存在力量会受这些情状的影响，或是得以增强或是得以减弱，或是受到促进或是受到阻碍。不过，必须注意的是，当我说较之前更大或更小的存在的力量时，我并不是指心灵把身体的现实情状与过去情状相比较，而是指组成一种情绪的真实性的观念肯定了身体的某些东西，这些东西较之前来说包含了更多或更少的真实性。

同时，就人类心灵的本质在于（据第二部分，命题十一，命题十三）它肯定了人类身体的现实存在而言，且就我们所理解的完满性实是一件事物的本质而言，我们可以推得，当心灵肯定某些关于其身体或身体的某一部分的东西，而这些东西包含了较之前更多的或更少的真实性时，那么心灵将转化到更大的或更小的完满状态。

因此，当我于上所说，心灵的力量得以增强或是减弱，我仅仅是指，心灵所形成的关于其身体或身体之一部分的观念，相较于心灵已经肯定的关于其身体的东西，包含着更多或更少的真实性。这些观念的价值及思想的现实力量，都是参照对象的价值来进行衡量的。最后，我提到了，心灵为这一观念的现实存在决定去思考一件事物，而不去思考另一件事物。所以，除了于情感的定义之第一部分所阐释的愉快和痛苦的本性以外，我亦阐明了欲求的本性。

第四部分
论人的奴役或情感的力量

序　言

对于人在缓和与控制情感上的缺陷，我称之为奴役。因为，若一个人总是为情感所困扰，任由情感所摆布，他便无法掌握自己，而将受到命运的主宰，以至于他明明清楚什么对他来说才是善的，却总是被迫去行恶之事。这究竟是何缘故，且情感中的善与恶到底为何物，我将于本部分一一道来。但是，在我开始之前，最好还是先对完满（perfection）与不完满（imperfection），对善（good）与恶（evil）略做一番谈论。

倘若一个人意图去做什么事，而且做成了这件事，不仅他自己会称这件事做得完满，其他任何知道此人之意图，或者认为自己知道此人之意图的人，都会称这件事做得完满。例如，若我们假设，有人看见某处正在施工（这里的施工指尚未完成），并且知晓发动这场施工的人旨在筑建一栋房子，他就会称这场施工是不完满的。反之，当他看见这场施工进行到了最后，顺利告竣，发动者也达到了其目的，那么他就会称这项施工是完满的。但是，倘若有人看见一项他以前从未见过的工作，同时他也不清楚创作者的意旨为何，那么自然他也无法评价这项工作究竟是否完满。这似乎便是完满和不完满两个词的本意。

但是后来，人类形成了普遍的观念，他们想出屋宇、大厦、塔楼等建筑类型，青睐其中某些类型胜过其他类型，于是，每个人见到称他心意的建筑便称之为完满，见到不那么称他心意的就称之为不完满，即使这建筑竣成后的样子与设计者构想的如出一辙。这也是人们称那些未曾经于人手的自然景观完满或不完满的唯一缘由。因为，一如人类形成关于人工事物的普遍观念，且认为这些观念就是事物的类型，他们也形成了关于自然事物的普遍观念，相信自然（他们认为自然做事皆有目的）早就想到了这些观念，又把这些观念变为现实，将它们化作种种类型的自然景观呈现于面前。因此，当他们看见自然中的某件事物与他们此前形成的关于该物的观念稍有不合，他们就称自然百密一疏，功亏一篑，谓自然之作并不是完满的。因此，我们也就明白，人类往往出于自己的主观臆度去评断哪些自然景观是完满的，哪些又是不完满的，却不去深究这些自然之作的真正知识。

现在我们已于第一部分的附录中阐述过，自然之运作并不考虑一个结果或是终点。因为，我们称之为永恒无限的存在的神或自然，是凭与之借以存在的相同的必然性来行动的。就像我们已经论述过的，神的存在和运作皆遵循神之本性的同样的必然性（据第一部分，命题十六）。神或自然存在的原因，以及神或自然行动的原因，是独一无二且完全相同的。因此，神既不为求一个结果或终点而存在，也不为求一个结果或终点而行动。神之存在或行动既无起源，亦无终结。因此，若有一个最终的原因，就其被视为任何一件事物的起源或原因而言，剥其外壳而究其内核，它无非是人类的欲求罢了。比如，当我们说修筑这栋房屋或那栋房屋的最终原因是为人所居住时，无非是指一个人设想家居生活的便利与惬意，从而产生了建造一栋房子的欲求。因此，为人所居住，与其说它是一个最终原因，不如说它是这一特定的人类欲求，确切来说就是动力因（直接原因）。它之所以被视为主要原因（第一因），是因为人类普遍忽视了其欲求的原因。正如我之前常说的那样，他们知晓自己的行动和欲望，却对决定他们产生任一特定欲求的原因不知所以。因此，世人谓自然功亏一篑，百密一疏，创造出不完满的东西，我便将其归类于第一部分的附录中所讨论的种种假象。如此说来，事实上，完满和不完满仅仅是思想的模式，或者仅仅是基于我们对同一种类的个体事物相互之间所作的比较而形成的概念。由此我才说（据第二部分，定义六），我所理解的真实性与完满性是相同的东西。因为我们总是将自然中所有的个体事物都归于一个类别，且称之为至高类，也就是存在这一类别，而自然中一切个体事物都绝对地属于这一种类别。因此，就我们将自然中的个体事物归于这一类别，且将他们彼此之间进行比较而言，我们会发现，其中一些个体事物较另外一些拥有更多的完满性或真实性，故而我才称这些个体事物比那些个体事物更加完满。再者，就我们以时限、终点、缺陷等表示否定的词赋予某些东西而言，我们称这些东西是不完满的，是因为它们并不像我们称之为完满的东西那样良多感触我们的心灵，而并非因为他们天生就有缺陷，也并非因为自然百密一疏，出了差错。因为，在一件事物的本性之中，唯有源于自然之动力因的必然性的东西，而且一切源于自然之动力因的必然性的东西都必然成为现实。

至于善与恶这两个词，它们也并不表示人们所认为的事物本身就有的积极品质，而仅仅是思想的模式，或者是我们根据一件事物与另一件事物的比较而形成的概念。因此，同一件事物可以既是善的又是恶的，或是不善也不恶的。比如说，音乐对于多愁善感的人来说便是善的，对于披麻戴孝的人来说便是恶的，而对于双耳失聪的人来说，音乐既不是善的，也不是恶的。

然而，尽管如此，这些词语仍然应该得到保留。因为，就我们欲图形成人类的观念，并以之作为我们所考虑的人类本性的类型而言，对我们来说，保留这些词语是很有用处的，这一点我已于前面阐释过。

那么接下来，对于“善”，我意指作为我们更深入触及人类本性之类型的途径的那些为我们所确知的东西，正如我们已于之前提到过的。对于“恶”，我意指阻挠我们触及人类本性之类型的那些同样为我们所确知的东西。再者，我们认为，随着人类更多或更少地触及人类本性之类型，他们也变得更完满或更不完满。因为，尤其须指出的是，当我说一个人从一个较小的不完满转化为一个较大的不完满，或者反之，从一个较大的不完满转化为一个较小的不完满，我的意思并不是他从一个本质或真实变为另外一个本质或真实。例如，若一匹马变为一个人，或变为一个昆虫，它就不再成其为马，它的本质完全遭到了毁灭。我的意思其实是一件事物为其本性的活动力量的增加或减少。最后，正如我已经说过的那样，对于“完满”，我意指真实——也就是说，一件事物的本质，这是就其以一种特定的方式存在及运行而言，且与其存在的时长并不相关。因为，没有任何一件事物可以因其存在的时间更加长久便能称为更加完满。事物的时长并不由它们的本质所决定，因为事物的本质并不包含固定确有的存在期限；但是，不论是具有较多的完满，还是具有较少的完满，万物都能以与其开始存在时所凭借的相同的力量维持其存在。因此，从这一方面来说，万物皆平等。

定　义

（一）善，我意指，那些我们所确知的对我们有用的东西。

（二）恶，我意指，那些我们所确知的阻挠我们获得任何善的东西。

（关于这些词语请参见上述序言的末尾部分）

（三）对于特定事物，我若称其为偶然的，是指当我们仅观察这些特定事物的本质时，我们并不能发现其中有什么东西能必然地肯定它们的存在，又或必然地摈除它们的存在。

（四）对于特定事物，我若称其为可能的，是指当我们观察这些特定事物凭以产生的原因时，我们并不清楚，这些原因是否受决定而产生了它们。

（在第一部分，命题三十三的注释一中，对于可能和偶然，我并未进行区分，因为在那里还没有准确区分它们的必要。）

（五）对立的情感，我意指，那些使人陷入不同状态的同一种类的情感，比如贪吃和贪财，两者皆为喜爱的种类，是互为对立的情感，而且这种对立并非出于本性，而是出于偶然。

（六）对于未来、过去和现在的一件事物的情感，我已于第三部分，命题十八，注释一及注释二中阐释过，请参见。

（但这里我必须指出的是，我们仅能于一定的界限之内清晰地设想空间的距离或时间的距离，也就是说，凡与我们之间的距离超过两百英尺的一切事物，或凡与我们所在地之间的距离超过了我们所能清晰设想的范围的一切事物，看起来与我们之间的距离是相等的，就如同全都分布在同一个平面上。一样说来，若事物存在的时间距现在太过久远，超过了我们所能清晰设想的范围，那么它们看起来与现在的距离也同样是相等的，就如同全都处于同一时期内。）

（七）目标，即我们做什么事的缘故，我意指为人类的欲求。

（八）德行与力量，我认为两者是相同的东西，也就是说（据第三部分，命题七），就其与人有关而言，德行是人的本性或本质，且其拥有的作用之力量也只能为人的本性的法则所理解。

公　理

自然之中，没有任何一个个体事物不能为另一个更强大的个体事物所超越。对于任何一件既定的事物来说，都有其他更为强大的力量能将之摧毁。

命　题

命题一　没有任何错误观念中的积极性质能因其真实而为真实存在的东西所消除。

证明　谬误仅仅是不确切的观念所包含的知识的缺陷（据第二部分，命题三十五），就它们是错误的而言，它们并不包含任何积极的性质（据第二部分，命题三十三）。反之，就它们与神有关而言，它们是真实的（据第二部分，命题三十二）。因此，倘若一个错误的观念所包含的积极性质能因其真实而为真实存在的东西所消除，那么一个真实的观念将自身消除自身，而这（据第四部分，命题三）是不合理的。因此，没有任何错误观念中的积极性质能因其真实而为真实存在的东西所消除。此证。

注释　根据第二部分，命题十六，推论二，这一命题是很容易理解的。因为，想象是一个观念，它表示人类身体的当前情态，而不表示外部物体的本性，并且这种表示并不清晰，是混乱不堪的。由此人们才会说，心灵犯了错误。例如，当我们看着太阳，我们设想它距我们大概有两百英尺远，对于这个判断，我们就错了，因为我们忽视了太阳与我们之间的真实距离。当我们知道了真实距离，错误便被消除了，但想象仍在，或者换言之，就身体受到感触而言，其所产生的太阳的观念只阐释了这一观念的本性。因此，尽管我们知道真实的距离，我们仍将想象太阳离我们很近。因为，正如我们在第二部分，命题三十五的注释中所说的，我们想象太阳离我们很近，不是因为我们忽视了太阳与我们的真实距离，而是因为心灵凭借身体受到的感触设想太阳的大小。因此，当太阳的光线落在水面，折射入我们的眼睛里，我们便想象太阳就在水中，尽管我们知道它的真实位置是在天上。还有与此类似的其他想象，不论其是表示身体的自然情态，还是表示得以增强或减弱的活动力量，它们都并不与真理相矛盾，也并不因真理的存在而就此消失。事实上，若我们不知所以就去害怕一场灾祸，那么一旦我们了解了它的真实情况，恐惧便会随之消失。不过，反之亦然，即我们会害怕一场真的将要来临的灾祸，但是一旦我们了解了它的真实情况，我们的恐惧也随之消失。因此，想象并不会因为真理之真就消失，而会因为别的比其更加强烈的想象的存在而排除之前我们所想象的东西，正如我们于第二部分，命题十七所示的那样。

命题二　就我们是自然的一部分而言，我们是被动的，且并不能脱离自然的其他部分设想而来。

证明　当于我们自身内产生了什么东西，而我们只是其部分原因时，我们便被称为被动的（据第三部分，定义二），也就是说（据第三部分，定义一），这些东西并不能仅根据我们本性的法则推演得出。因此，就我们是自然的一部分而言，我们是被动的，且并不能脱离自然的其他部分设想而来。此证。

命题三　一个人凭以维持其存在的力量是受到限制的，且为外部原因的力量所无限超越。

证明　根据本部分的公设，这一点是很清楚的。因为，若假设有一个人，那么也会有其他比他更强大的事物，比如说 A，而若假设有 A，那么也会有其他比 A 更强大的事物，比如说 B，以此无穷类推，因此，一个人的力量是为某个其他事物的力量所压制的，并且为外部原因的力量所无限超越。此证。

命题四　一个人不可能不是自然的一部分，也不可能只经历为其本性所理解，仅以其本性为确切原因的变化，而不经历其他的变化。

证明　每个个体事物以及人凭以维持其存在的力量，就是神或自然的力量（据第一部分，命题二十四，推论）。这并不就其是无限的而言，而就其能为真实的人类本质所阐释而言（据第三部分，命题七）。因此，就人类力量能通过其自身的现实本质所阐释而言，其是神或自然的无限力量的一部分，换言之，就是神或自然的本质的一部分（据第一部分，命题三十四）。这是我们所要论证的第一点。再者，假设有这样一种情况，即除了能通过人的本性加以认识的变化以外，人再也不能经历其他的变化，那么由此便可推得，一个人将不能死去，而将永远地必然地存在着，并且产生这一必然结果的原因的力量既可能是无限的，也可能是有限的，也就是说，这一必然结果，既可能仅仅来源于人类的力量，这是就他能够消除一切源于外部原因的变化而言，也可能来源于自然的无限力量。一切个体事物都凭借这种无限力量得以规划布置，以至于人类只能趋向于维持其自身的存在，却不会经历任何其他的变化。但是，第一种可能性是不合理的（据前一命题，该命题的论证是普遍适用于一切个体事物的），因此，假设有这样一种情况，即除了能通过他自己的本性加以认识的变化以外，一个人再也不能经历其他的变化，那么这个人将永远地（正如我们所论述的）必然地存在着。这一结果必然来源于神的无限力量，那么（据第一部分，命题十六）也就必然来源于神圣本性的必然性，这是就视神圣本性为任意一人的观念所感触，且整个自然秩序都通过其延展或思想的属性设想而来，也必定通过这两个属性推绎得到而言。由此便可以推出（据第一部分，命题二十一），人是无限的，而这（据该证明的第一部分）是不合理的。因此，人不可能只经历以其自身为确切原因的变化，而不经历其他的变化。此证。

推论 由此可以得出，人必然总是为情感所困扰，以至于他遵循且服从自然的普遍秩序，并于其中自我调解，以顺应事物本性的要求。

命题五 每一种激情的力量及增强，以及其于存在中的延续并不由我们凭以努力维持其存在的力量所确定，而是由外部原因的力量与我们自身的力量的比较所决定。

证明 一种激情的本质并不能仅通过我们的本质去解释（据第三部分，定义一和定义二），也就是说（据第三部分，命题七），一种激情的力量并不能由我们凭以努力维持其存在的力量所确定，但（正如在第二部分，命题十六中所论述的）必然为外部原因的力量与我们自身的力量的比较所决定。此证。

命题六 任何激情或情感的力量都能越过一个人其他的行动或力量，以至于这种情感会牢牢地附着在他身上。

证明 任何激情的力量和增强及其存在上的延续都为外部原因的力量与我们自身的力量的比较所确定（据上一命题），因此（据第四部分，命题三）任何激情或情感的力量都能越过一个人其他的行动或力量，以至于这种情感会牢牢地附着在他身上。此证。

命题七 一种情感仅能为另一种与之对立的且较之更强大的情感所控制或摧毁。

证明 就其与心灵有关而言，情感是一个观念，心灵则凭之以肯定其身体拥有较之前更大或更小的存在的力量（参见第三部分结尾处情感的普遍定义）。因此，当心灵为任何情感所袭扰，身体同时也会受一种情态所感触，而身体的活动力量也随之得以增强或减弱。现在，这种身体的情态（据第四部分，命题五）从它自身的原因中得到维持其存在的力量，而这种力量仅能为另一种身体的原因所阻挠或摧毁（据第二部分，命题六），即身体为一种与此前相对立的（据第三部分，命题五）且较之更加强大的情态所感触（据第四部分，公理）。因此（据第二部分，命题十二），心灵便为一种对立的情态的观念所感触，且该对立的情态要强于之前的那个情态，换言之，（据情感的普遍定义）心灵将为一种与此前相对立的且较之更强大的情感所感触，而这种情感也将摈除或摧毁之前那个情感的存在。因此，一种情感仅能为另一种与之对立的且较之更强大的情感所控制或摧毁。此证。

推论 就一种情感与心灵有关而言，这种情感仅能通过一种与我们正在经受着的相对立的且更强大的情态的观念所控制或摧毁。因为，我们所经受的情感仅能为另一种与之相对立的且较之更强大的情感所控制或摧毁，换言之，（据情感的普遍定义）仅能为另一种与我们所经受的相对立且更强大的身体的情态的观念所控制或摧毁。

命题八 关于善和恶的知识仅仅是愉快或痛苦的情感，而不是别的东西，这是就我们能意识到这种情感而言。

证明 我们称一件事物是善的或是恶的，是指这件事物对维持我们的存在有所帮助或加以阻挠（据第四部分，定义一及定义二），也就是说（据第三部分，命题七），是指这件事物增强或减弱，促进或阻挠我们的活动力量。因此，就我们知觉一件事物以愉快或痛苦感触我们而言，我们称其为善的或恶的，因此，关于善和恶的知识不是别的，而是愉快或痛苦的观念，而该观念必然来自愉快或痛苦的情感（据第二部分，命题二十二）。但是，这一观念与情感互相关联，正如心灵与身体互相关联（据第二部分，命题二十一），也就是说，这种观念与情感之间的真正区别，或这种观念与身体的情态的观念的区别，仅仅在于概念上的区别。因此，关于善和恶的知识不是别的，而只是情感，这是就我们能意识到这种情感而言。此证。

命题九 若我们设想一种情感的原因当下正与我们在一起，那么这种情感要比我们设想这个原因不在我们身边时更为强烈。

证明 想象或概念是心灵凭以审视一件事物，正如其就在当下的观念（据第二部分，命题十七，注释），但这更多表示的是心灵的情状而不是外部事物的本性（据第二部分，命题十六，推论二）。因此，就一种情感表示身体的情状而言，这种情感只是一个想象。但是，只要我们设想没有事物能够摈除一个外部对象的现实存在，那么这个想象（据第二部分，命题十七）将会更强。因此，若我们设想一种情感的原因当下正与我们在一起，那么这种情感要比我们设想这个原因不在我们身边时更为强烈。此证。

注释 当我于之前的第三部分，命题十八里论及，我们为过去事物或未来事物的映象所感触，其所感触的情感就如我们设想这事物即在当前一样。我明确表示过，仅仅就我们考察该事物自身的映象而言，这一情况才是真实的。因为，不论我们是否设想这件事物，该事物的本性是不会改变的。我并不否认，当我们视能摈斥未来对象的当下存在的其他事物如在目前，该物的映象将会变弱。当时我并没有明确表示这一点，因为我将在本书的这一部分讨论到情感的力量。

推论　过去事物或未来事物的映象，也就是对于一件事物，我们将它与过去的时间或未来的时间联系起来，不将它与现在相联系，当其他的条件都同等时，这些映象较现在事物的映象更加模糊。因此，若其他条件一律同等，对于过去事物或未来事物的情感相较于对现在事物的情感要更为缓和。

命题十　对于某些未来的事物，若我们设想它们即将来临，那么我们将比我们设想这些事物的存在距我们还有很长的时期时受到更多的感触。同样说来，对于某些过去的事物，若我们设想它们才过去不久，那么我们将比我们设想这些事物过去很久时受到更多的感触。

证明　就我们设想一件事物即将来临，或尚未远逝而言，我们所设想的能排除该对象的存在的东西，要比这件事物尚与现在遥遥相距，或早已远逝时（这是很明显的）所能设想的排除其存在的东西要少，因此（据上述命题）我们所能受到的感触将更强烈。此证。

注释　根据本部分的定义六的阐述，我们可以推得，倘若事物距现在有很长的时期，超出了我们所能想象的范围，尽管它们存在的日期彼此不同，它们对我们的感触都同样微弱。

命题十一　若我们设想一种情感是必然的，当其他条件都同等时，这种情感要比另一种可能的、偶然的或不必要的情感更为强烈。

证明　就我们设想一件事物是必然的而言，我们便是肯定它的存在。从另一方面来说，我们否定一件事物的存在，是就我们设想它并不是必然的而言（据第一部分，命题三十三，注释一）。因此（据第四部分，命题九），若我们设想一种情感是必然的，当其他条件都同等时，这种情感要比另一种不必要的情感更为强烈。此证。

命题十二　对于一件存在于当下且我们设想其为可能的事物的

情感，若其他条件是同等的，这种情感较对一件偶然事物的情感更为强烈。

证明 就我们设想一件事物是偶然的而言，我们将受到某些其他能肯定这件事物的存在的概念所感触（据第四部分，定义三），但是，另一方面说来，我们（据假设）也会设想某些能摈除其现实存在的事物。但是，就我们设想一件事物于未来是可能的而言，我们也将由此设想能肯定其存在的事物（据第四部分，命题四），也就是说（据第三部分，命题十八），我们会设想某些能增强希望或恐惧的事物。因此，对于某些可能事物的情感是更为强烈的。此证。

推论 对于一件我们设想为偶然的事物的情感，若我们知道其于当下并不存在，那么这种情感将比我们设想这件事物存在于当下时程度更薄弱。

证明 对于一件事物的情感，若我们设想这件事物就在当下，那么我们对其的情感将比我们设想这件事物在未来时强烈（据第四部分，命题九，推论），且比设想它在遥远的未来时更加强烈（据第四部分，命题十）。因此，若我们设想一件事物的存在时间距现在很遥远时，我们对这件事物的情感要比我们设想该事物现实存在时程度更薄弱一些，然而，对于这件于未来存在的事物的情感总是比对我们设想为偶然的事物的情感更加强烈。因此，对于一件偶然事物的情感要比对于一件我们设想为于当下存在的事物的情感更为薄弱。此证。

命题十三 对于一件偶然事物的情感，若我们知道其于当下并不存在，那么在其他条件相同的情况下，要比对一件过去事物的情感程度更弱。

证明 就我们设想一件事物是偶然的而言，我们并不为任何其他能肯定该事物的存在的事物的映象所感触（据第四部分，定义三），但是，另一方面来说（据假说），我们会设想某些摈除该事物的现实存在的事物。就我们设想一件事物与过去的时间有关而言，我们便假定为设想某些能唤起该物的回忆或激起该物的映象的事物（据第二部分，命题十八及注释），以至于就如同在当前观察它一样（据第二部分，命题十七，推论）。因此（据第四部分，命题九），对于一件偶然事物的情感，若我们知道这件事物并不存在于当下，在其他条件相同的情况下，这种情感要比我们对一件过去事物的情感更为衰弱。此证。

命题十四　关于善和恶的真知识只有当其自身被视为一种情感时才能抑制情感，却并不能因其真实而抑制任何情感。

证明　一种情感是一个观念，心灵凭借这种观念肯定其身体拥有较之前更多或更少的存在的力量（据情感的普遍定义），因此它并不包含能为真实东西的存在所摧毁的积极性质，所以，关于善和恶的知识并不能因其真实就抑制任何情感。但是，就这种知识是一种情感（据第四部分，命题八），且其拥有比所要抑制的情感更为强烈的情感而言，它才能够抑制这种情感。此证。

命题十五　起源于善或恶的知识的欲求，能为起源于其他袭扰我们情感的诸多欲求所覆灭或抑制。

证明　就关于善和恶的知识是一种情感而言，从其中必然产生欲求（据第三部分，情感的定义一），而欲求的力量随与其所起源于的情感的力量之或大或小而或增或减（据第三部分，命题三十七）。但是，就这种欲求的起源（据假说）是基于我们真实地理解一些东西而言，也就我们是主动的而言（据第三部分，命题一），可以得出，这种欲求就于当下与我们在一起，且因此必定仅通过我们的本质为我们所理解（据第三部分，定义二）。因而（据第三部分，命题七），这种欲求的力量及增强并不能单为人类力量所确定。再者，起源于我们凭以受到袭扰的情感的欲求会随着该情感的增强而更加强烈，因此，这些欲求的力量和增强将必定单为外部原因的力量所确定。若该外部原因的力量与我们自己的力量进行比较，将无限地超越我们自己的力量（据第四部分，命题三）。由此，起源于类似的情感的欲求，较起源于关于善和恶的真知识的欲求将更加强烈，故而也能抑制或覆灭它。此证。

命题十六 起源于关于善和恶的知识的欲求，就这种知识与未来有关而言，其可能将更容易为当前适宜的东西所压制或覆灭。

证明 对一件我们设想为在未来的事物的情感，比对于一件现在事物的情感更为微弱（据第四部分，命题九，推论），但是起源于关于善和恶的真知识的欲求，尽管它与当时的善的事物有所关联，也能为任何强烈的欲求所覆灭或压制（据上一命题，其证明普遍适用）。因此，起源于这种知识的欲求，当其与未来有关时，其可能将更容易为当前适宜的东西所压制或覆灭。此证。

命题十七 起源于关于善和恶的真知识的欲求，就这种知识与偶然的事物有关而言，能比对当下事物的欲求更易受到控制。

证明 这一命题的论证方式与上一命题的推论的论证方式相同。

注释 我自认为已经阐释了，为什么人类总是为主观意见所引导，多于为真正的理性所引导，且为什么关于善和恶的真知识总是挑起心灵上的冲突，且总是受种种激情所压制。如有诗云：“我注目且向往着美好之路，却踏上邪恶之途。”

传教之人看起来则拥有同样的想法，他说：“拥有越多知识的人，越是痛苦。”以上所写，并非意在指出无知比知识更有价值，抑或是智者在控制情感上与愚者并无分别，而是因为有必要了解我们本性的力量及弱点，以决定理性在控制情感中所能为的事，及不能为的事。我已经说过，在这一部分里，我只讨论人类的弱点，对于理性在克制情感上的力量，我将于另外一篇中讨论。

命题十八　当其他条件都同等时，起源于愉快的欲求比起源于痛苦的欲求更加强烈。

证明　欲求是一个人的本质（据情感的定义一），也就是说，一个人努力凭以维持其自身存在的努力。因此，起源于愉快的欲求，将会因为人感觉到了愉快而得以增强或滋长，反之，起源于痛苦的欲求，将会因为人感觉到了痛苦而遭以减弱或阻挠。由此，起源于愉快的欲求的力量必定同时为人类力量及外部原因的力量所确定，然而起源于痛苦的欲求只能为人类力量所确定。因此，前者才是两种欲求中更为强烈的。此证。

注释　在以上几个命题里，我已经解释了人类的弱点及反复无常的原因，阐释了为什么人类并不遵守理性之规的原因。现在我还需说明的是，理性为我们所规划的道路，哪些情感符合人类理性的规律，哪些情感又与人类理性的规律相对立。但是，在我以详细的几何方式对这些命题进行证明之前，可以先适当地阐述一二，以期人人都能更容易理解我的意思。

既然理性对与其本性相对立的东西不做要求，故理性要求的是每个人都应该喜爱他自己，都应该搜寻对他有用的东西——我意指，对他真正有用的东西，都应该欲求真正能使人获得更大的完满的一切东西，也应该尽他可能努力地维持其自身的存在。这些都是必然真实的，就如整体必然比部分大一样真实（参见第三部分，命题四）。

再者，由于德行不是别的东西，而是遵循一个人自身本性的法则的行为（据第四部分，定义八），并且由于人只会遵循其本性的法则努力维持其自身的存在，由此便可得到：

第一，德行的基垫就是努力维持一个人自身的存在，而人的快乐就在于有力量维存他自身的存在；

第二，德行因其自身的缘故为我们所欲求，而对我们来说，再没有比德行更有价值或更有用的东西，会因其自身的缘故为我们所欲求；

第三，自杀之人的心灵都是软弱的，且总是为与他们本性相矛盾的外部原因所压制。

此外，根据第二部分，公设四，可以推得，为了维持我们自身的存在或生活，我们并不能脱离一切外部事物而行事，也不能与它们毫无关系。再者，倘若我们考察自己的心灵，就会发现，当心灵孤独的时候，理智会变得更不完满，它只能理解它自身，而不能理解其他东西。如此说来，我们的外部有许多对我们有用的东西，这些东西也是为我们所欲求的。这些东西中被认为最具有价值的，莫过于那些与我们的本性完全协调一致的。例如，倘若两个本性完全相同的个体结合在一起，他们形成的联结将是其中任何一个单独个体的两倍强大。

因此，人之于人才是最为有用的——我还是要说，为所有人都希望的维持自身存在的最有价值的做法，莫过于所有人都协调一致，所有的心灵与身体都像形成同一个心灵与同一个身体，且所有人都一致认同，他们应尽可能努力地维持他们的自身存在，也都一致认同去搜寻对他们有用的东西。由此，为理性所指导的人——也就是说，遵从理性去搜寻对他们有用的东西的人，不会去欲求那些他们不为其他人所欲求的东西，所以，他们的行事都是公正、忠诚且正直的。

如上便是在我进行更加详细的证明之前对理性的指令所做的简

要阐述。这样，我就有可能博得某些人的注意，而这些人相信“人人皆寻求对自己有用的东西”这一原则是不虔诚的基础，却不是虔诚与德行的基础。

因此，简要论述了事实与他们所想的刚好相反之后，我将继续以之前所凭借的同样的方法进行证明。

命题十九　根据一个人本性的法则，他必然欲求他认为是善的东西，必然躲避他认为是恶的东西。

证明　关于善和恶的知识就是（据第四部分，命题八）愉快和痛苦的情感，这是就我们能意识到自身而言，因此，每个人都必然欲求他所认为善的东西，躲避他所认为是恶的东西。现在，这一欲念不是别的，而是一个人的本性或本质（参见第三部分，命题九，注释中欲望的定义及情感的定义一）。因此，仅根据一个人本性的法则，他必然欲求他认为是善的东西，必然躲避他认为是恶的东西。此证。

命题二十　一个人越是努力，就越能搜寻对他来说有用的东西——换言之，越能维持他自身的存在——他也就赋有更多的德行。反之，一个人越是疏忽搜寻对他有用的东西，也就是说，越是疏忽维持他自身的存在，他就越缺乏力量。

证明　德行是人类的力量，仅为人类的本质所规划确定（据第四部分，定义八），也就是说，仅为人类维持其自身存在的努力所规划确定。因此，一个人越是努力，就越能维持其自身的存在，也就赋有更多的德行，因而（据第三部分，命题四及命题六）就其疏忽维存他自身的存在而言，他便缺乏力量。此证。

注释　因此，没有人会疏忽了寻找对他自己善的事，或者疏忽了维存他自身的存在，除非他为相异于其本性的外部原因所制服。我认为，没有人会出于其本性中的必然性放弃进食或杀死自己，只能为外部原因所压迫而这样做。这种被迫自杀的情况，是有很多种方式的。例如，一个人为另一个人所强迫翻转过他的右手，而右手执着刀，他则因此将刀刺向自己的心脏，也或许，他像塞内卡那样，为暴君所胁迫割裂了血管——也就是说，通过经受一场小灾祸而躲避一场大灾祸，抑或是说，潜藏的外部原因将干扰他的想象，同时感触他的身体，使他拥有一个与之前相对立的本性，而这种本性的观念之前是不存在于心灵中的（据第三部分，命题十）。但是，若一个人出于其本性中的必然性，去努力变得不存在，就如无中生有般荒诞，对于这一点，只要每个人略微思索一番，即能自我明了。

命题二十一 没有人能在欲求得到幸福、行为端正和生活正当的同时，不期望存在、行动以及生活——换言之，期望真实地存在着。

证明 这一命题的证明，或这一命题的本身，就是不证自明的，根据欲求的定义，也能容易明白，因为，生活的欲求、存在的欲求等，不论是幸福的还是正当的，都是（据情感的定义一）人的本质——也就是说（据第三部分，命题七），一个人维持其存在的努力。没有人能在欲求得到幸福、行为端正和生活正当的同时，不期望存在、行动以及生活——换言之，期望真实地存在着。此证。

命题二十二 没有德行能被设想为比维持自身存在的努力更为优先。

证明 维持自身存在的努力是一件事物的本质（据第三部分，命题七），因此，倘若任何德行能被设想为比维持自身存在的努力更为优先，一件事物的本质将设想为比自身更为优先，而这明显是不合理的。因此，没有德行能被设想为比维持自身存在的努力更为优先。此证。

推论　维持自身存在的努力是德行的首要且唯一的基垫，因为没有东西可以优先于这一努力设想而来，没有德行可以脱离这一努力设想而来。

命题二十三　就一个人因为拥有不确切的观念而决定做出特别的行为而言，绝对不能称其为遵从德行而行动，只有就其基于理解去决定其行动而言，他才能称自己是遵从德行而行动。

证明　就一个人通过拥有不确切的观念去决定其行动而言，他是被动的（据第三部分，命题一），也就是说（据第三部分，定义一和定义三），他做了一些不能仅通过其本质就能受到知觉的事情，也就是说（据第四部分，定义八），这些事情并不符合他的德行。但是，就他基于理解去决定其行动而言，他是主动的，即他做了一些单通过其本质而受到知觉的事情，抑或做了一些确切遵从他德行的事情。此证。

命题二十四　绝对遵从自身的德行去行动，对于我们来说，也就如同遵从理性的指令去行动，去生活，或去维持自身的存在（这三种术语的意思是相同的），而这些理性的指令则基于搜寻对一个人有用的东西。

证明　绝对遵从德行去行动，不是别的，而是遵循一个人自身本性的法则去行动，但我们仅根据我们所理解的而行动（据第三部分，命题三），因此，遵从自身的德行去行动，对于我们来说，也就如同遵从理性去行动、生活，或维持自身的存在，而这些理性的指令则基于搜寻对一个人有用的东西（据第四部分，命题二十二，推论）。此证。

命题二十五　没有人会为了其他事物的缘故而想要维持其自身的存在。

证明 一件事物凭以尽力维持其自身存在的努力，都单由其本质所确定（据第三部分，命题七），仅根据这一点，而并不根据其他事物的本质，必然可以得出（据第三部分，命题六），每个人都努力维持其自身的存在。此外，这一命题根据第四部分，命题二十二的推论，是很清楚易懂的，因为，倘若一个人是为了其他事物的缘故，努力维持其自身存在，那么该事物将自然而然成为德行的基础，而根据上一命题的推论，这是不合理的。没有人会为了其他事物的缘故而想要维持其自身的存在。此证。

命题二十六 一切我们的遵从理性的努力，不为了别的，只为了思考与理解。就心灵能运用理性而言，除了能判断有益于理性的事物之外，它并不能判断任何对它有用的东西。

证明 维持自身存在的努力不是别的，而是事物的本质（据第三部分，命题七），就其自身存在而言，它被设想为拥有延续其存在的力量（据第三部分，命题六），并且做那些必然源于其本性的东西（参见第三部分，命题九的注释中欲望的定义）。但是，理性的本质不是别的，而是我们的心灵，这是就其能清晰明了地思考与理解而言（参见第二部分，命题四十，注释二的定义），因此（据第二部分，命题四十），我们一切的遵从理性的努力，不为了别的，只为了思考与理解。再者，就心灵的理性作用而言，这种心灵凭以努力维持其自身存在的努力，不是别的，就是理解本身。这种理解上的努力是（据第四部分，命题二十二，推论）德行的首要且唯一的基垫，且我们理解事物也并非为了任何未来事物的缘故（据第四部分，命题二十五）。另外说来，就其理性作用而言，心灵将不能设想任何对自身善的东西，除非这些东西是有益于理解的。

命题二十七 除了那些能真正有益于理解的东西，或那些能阻挠我们理解的东西，并没有其他什么东西能为我们确定为善的或恶的。

证明　就其理性作用而言，除了有益于理解的事物以外，心灵并不欲求任何超越理解的东西，也不会判定任何对它有用的东西（据上一命题）。但是，除非就其拥有确切的观念而言，或（据第二部分，命题四十的注释，这是同一回事）除非就其理性作用而言，心灵（据第二部分，命题四十一，命题四十三及其注释）不能确定任何事物。因此，除了那些能真正有益于理解的东西，或那些能阻挠我们理解的东西，并没有其他什么东西能为我们确定为善的或恶的。此证。

命题二十八　心灵的至善便是神的知识，而心灵的至德便是知神。

证明　心灵并不能理解任何高于神的东西，也就是说（据第一部分，定义六）高于绝对无限的存在的东西，而脱离了这些东西（据第一部分，命题十五），没有事物能存在或设想而来，因此（据第四部分，命题二十六及命题二十七），心灵的至高价值或至善（据第四部分，定义一）便是神的知识。再者，仅就心灵的理解作用而言，心灵是主动的，且也仅就其理解作用而言，我们才能绝对称其行为符合德行。因此，心灵的绝对德行就是理解。现在，正如我们已经论述过的那样，心灵所能理解的至高点即为神，因此，心灵的至高德行便是理解神或知神。此证。

命题二十九　与我们的本性完全不同的个体事物，不能促进或阻挠我们的活动力量，也绝对不能做对我们善或恶的事，除非其与我们的本性拥有某些相似之处。

证明　每件个体事物的力量，以及一个人凭以存在和行动的力量，仅能为另外一件个体事物所决定（据第一部分，命题二十八），理解这件个体事物的本性（据第二部分，命题六）所要凭借的本性，与设想人类本性所凭借的属性是相同的。因此，不论如何设想我们的活动力量，其都能为别的与我们拥有共同之处的个体事物的力量，而不能为其本性与我们的完全不同的事物的力量所决定，或是由此得以增长或受到阻挠，又因为我们称善的或恶的就是愉快或痛苦的原因（据第四部分，命题八），也就是说（据第三部分，命题十一，注释）能增强或减弱，促进或阻挠我们活动的力量。因此，与我们自身本性完全不同的东西既不能做对我们善的事，也不能做对我们恶的事。此证。

命题三十　若一件事物与我们的本性有相同的品质，那么它便不能通过该品质对我们来说是恶的，但是，若它与我们的本性相对立，它对我们来说便是恶的。

证明　当一件事物是痛苦的原因时，我们就称之为恶的（据第四部分，命题八），也就是说（据第三部分，命题十一，注释中痛苦的定义）这件事物减弱或阻挠了我们的活动力量。因此，倘若一件事物通过其与我们本性中的共同品质而对我们有恶，其自身就能减弱或阻挠其与我们本性中的共同之处，而这（据第三部分，命题四）是不合理的。因此，一件事物并不能通过其与我们拥有的相同品质对我们来说是恶的，但是，另一方面，就这件事物对我们是恶的而言，也就是说（正如我们刚刚所论述的），就其能减弱或抑制我们的活动力量而言，其与我们的本性相对立。此证。

命题三十一　就一件事物与我们的本性相协调而言，它必然是善的。

证明　就一件事物与我们的本性相协调而言，这件事物对本性来说不是恶的，因此它将必然是善的或是不善不恶的。倘若假定它既不是善的，也不是恶的，那么是没有趋于维存我们本性的东西产生于它的本性的（据第四部分，定义一），也就是说（据假设），没有趋于维存事物本身的东西产生，但这（据第三部分，命题六）是不合理的，因此，就一件事物与我们的本性相协调而言，它必然是善的。此证。

推论　由此可以推得，一件事物越是与我们的本性相协调，它对我们来说就越是有用的或越是善的，或者反之，一件事物对我们来说越是有用的，也就越与我们的本性相协调。因为，就其并不与我们的本性相协调而言，这件事物必然将与我们的本性相异或相对立。倘若这件事物与我们的本性相异，那么它既不是善的，也不是恶的（据第四部分，命题二十九）。倘若这件事物与我们的本性相对立，那么它将与我们本性相协调的东西相对立，也就是说，与善的东西相对立——简而言之，它是恶的。因此，除非此物与我们的本性相协调，否则没有什么东西是善的，由此，一件事物越是与我们的本性相协调，它对我们来说就越是有用的，反之亦然。此证。

命题三十二　就人类为激情所困扰而言，基于这一方面，他们不能被称为本性上是和谐统一的。

证明　若事物被称为本性上是和谐统一的，则应被理解为于力量上是协调一致的（据第三部分，命题七），而不是于缺乏力量或否定上协调一致，因而也就不是于激情上协调一致的（据第三部分，命题三，注释），因此，就人类为激情所困扰而言，他们并不能被称为本性上是和谐统一的。此证。

注释　这也是不证自明的。因为，倘若我们说白色与黑色的共同之处仅在于它们都不是红色的，我们便绝对肯定了两者之间并无共同之处。所以，倘若我们说，一个人和一块石头的共同之处仅在于它们都是有限的——即同样都缺少力量，同样不基于它们本性中的必然性而存在，或者说，同样为外部原因的力量所无限超越——我们就是在肯定，一个人与一块石头各个方面都不相似，因此，若事物仅于否定方面相同，或仅在其都不拥有的品性上相同，那么它们之间便着实没有共同之处。

命题三十三 人类能于本性上各所相异，这是就他们为某些情感所袭扰而言，这些情感或为激情，或为心灵的被动状态。如此说来，同一个人也能是变化无常的。

证明 情感的本性或本质并不能单单通过我们的本性或本质得以解释（据第三部分，定义一和定义二），但是其必定为力量所确定，也就是说（据第三部分，命题七），为外部原因的本性与我们自身的本性相比较所决定。由此可以得出，有多少种我们凭以受到感触的外部对象，也就有多少种情感（据第三部分，命题五十六），而人也能受到同一个对象的不同感触（据第三部分，命题五十一），故而本性上便有所相异。最后，同一个人将受到相同对象的不同感触，因此将变化无常。此证。

命题三十四 就人类为激情的情感所袭扰而言，他们彼此间互相对立。

证明 比如说，一个人，彼得，能成为保罗感觉痛苦的原因，因为彼得拥有某些类似于保罗所憎恨的东西（据第三部分，命题十六），或因为唯彼得拥有某件保罗所喜爱的东西（据第三部分，命题三十二及其注释），也或许为着其他的原因（这些原因主要于第三部分，命题五十五，注释中有所陈述），因此，有可能发生的是，保罗憎恨彼得（据情感的定义七），接着也可能容易发生的是，彼得反过来又憎恨保罗，而两个人都竭力伤害对方（据第三部分，命题三十九），也就是说（据第四部分，命题三十），他们彼此间应该互相对立。但是，痛苦的情感总是一种激情或被动状态（据第三部分，命题五十九），由此，就人为是为激情的情感所袭扰而言，他们彼此间能相互对立。此证。

注释　我说过，保罗憎恨彼得，是因为他设想彼得拥有某些他（保罗）也喜欢的东西，从这一点初看来，鉴于两人都喜爱相同的东西，故而两人各自的本性协同一致，这才招致相互排斥。倘若情况就是这样，本部分的命题三十及命题三十一便是错的了。但是，倘若我们不偏不倚地看待这一问题，我们将发现，这两种说法其实并没有什么差异。因为，这两个人并不基于本性的一致而相互排斥，也就是说，两个人并不基于喜爱同一件事物而相互排斥，却是基于其中一个人不同于另一个人而相互排斥。因为，就他们都喜爱同一件事物而言，他们将由此互相喜爱（据第三部分，命题三十一），也就是说（据情感的定义六），他们将对彼此都感觉愉快。因此，若说他们因为喜爱相同的事物，以及本性一致而产生了差异，这是不对的。正如我已经说过的，他们相互排斥的原因仅在于我们所假设的他们的本性不同。因为，我们已经假设，彼得有一个拥有所爱之对象的观念，而保罗有一个失去其所爱之对象的观念。由此，一个人将为愉快所感触，而另一个人将为痛苦所感触，故而他们将彼此不同。我们也能以类似的方式轻易阐明，一切其他憎恨产生的原因仅取决于人类本性的差异，而并不在于人类本性的协调一致。

命题三十五　仅就人的生活遵从理性而言，他们于本性上总是必然协同一致的。

证明　就人类为激情的情感所袭扰而言，他们于本性上是不同的（据第四部分，命题三十三），并且彼此间各所相异。但是，仅就人们遵从理性行动而言，人类总是被称为主动的（据第三部分，命题三)，因此，一切源于人类本性的东西，就其为理性所确定而言，必定（据第三部分，定义二）仅能通过以人类本性为近因而受到理解。但是，因为每个人都根据他本性的法则去欲求他认为善的东西，且努力去除他认为恶的东西（据第四部分，命题十九)，并且，由于遵从理性，所以我们认为善或恶的东西，必然也是善或恶的(据第二部分，命题四十一)。由此可得，就人类遵从理性去生活而言，他们必然只做那些对人类本性以及对每个个人为善的事情（据第四部分，命题三十一，推论)，换言之，这些事情与每个人的本性都协调一致。因此，就人类遵从理性去生活而言，他们彼此间必然总是生活得协调一致。此证。

推论一 对于人来说，自然中没有比遵从理性去生活更为有用的个体事物。因为对人类来说最有用的东西，也是最与他的本性协调一致的（据第四部分，命题三十一，推论)，也就是说——这是显而易见的——是人。但是，只有当人遵从理性去生活时（据第三部分，定义二)，才是绝对按照他本性的法则而行动的，而从这方面来说，他也总是必然与其他人的本性相协调的（据上一命题)。因此，对人类来说，个体事物之间，没有比遵从理性去生活更有用的东西。此证。

推论二 倘若每个人都搜寻对他最有用的东西，那么人与人对彼此来说便是最有用的。因为，一个人搜寻对他有用的东西越多，且越努力去维持他自己的存在，他就越拥有德行（据第四部分，命题二十)，或者也可以说（据第四部分，定义八)，他就越拥有遵循他自身本性的法则去行动的力量，也就是遵从理性去生活。但是，只有当人类遵从理性去生活时，他们的本性才最和谐（据上一命题)，因此(据上述推论)，当每个人搜寻对他有用的东西时，人们之于彼此才是最有用的。此证。

注释 我们刚才所展示的已为经验所明显证得，几乎人人都知道：“每个人对于另一个人来说都是神。”然而，人类几乎是不会遵从理性去生活的，因为他们之间的事物如此井然有序，以至于他们通常嫉妒与挤兑彼此。然而他们几乎不能过一种独居的生活，所以世人也普遍认同将人定义为一种社交动物，事实上，人类从社交生活中获得的便利远多于伤害。社会中，讽刺家们嘲讽人情世故，理论家们咒骂世俗，出世者们则极致歌颂原始的田园生活，鄙视人群，称赞兽禽，可到最后，他们还是会发现，通过互相帮助将更容易满足各自的需求，只有通过团结的力量，他们才能躲避来自四面八方的危险，且不用说研习人类的行为比研习野兽的行为更有优势和价值。我将于别处更详细地讨论这一点。

命题三十六 那些遵从德行的人的至高之善对所有人来说都是共同的，因此所有人都能平等地从中获得愉悦。

证明 合乎德行去行动也就是遵从理性去行动（据第四部分，命题二十四），而一切我们遵从理性努力去做的事都是为了理解（据第四部分，命题二十六），因此（据第四部分，命题命题二十八），那些遵从德行的人的至高之善便在于知神，也就是说（据第二部分，命题四十七及其注释），一种对所有人来说都是共同的，且能为所有人都拥有的平等的善，这是就他们拥有相同的本性而言。此证。

注释 也许有人会问，倘若那些遵从德行之人的至高之善并非是人人所共有的，情况将怎么样呢？是否为如上所说的那样（据第四部分，命题三十四），若人类遵从理性而生活，或者说（第四部分，命题三十五），就人类本性上一致而言，他们彼此之间会互相排斥吗？对于这样的疑问，我做出如下回答：为人类所共有的至高之善，并非出于偶然，而是出于理性的本性。这是就其从人类的本质推理而言，也就其为理性所定义而言，而且，一个人一旦失去了从至高之善中获取愉悦的力量，他将既不能存在，也不能设想而来，因为（据第二部分，命题四十七），拥有神之永恒无限的本质的确切知识属于人类心灵的本质。

命题三十七 每一个遵从德行的人愿意为自己而欲求的善，也会愿意为其他人而欲求，而且他所具有的欲求越多，他就越知神。

证明 就人类遵从理性去生活而言，他们对彼此来说是最有用的（据第四部分，命题三十五，推论一），因此（据第四部分，命题十九），我们将遵从理性，且必然努力使人能遵从理性去生活。但是，就人类为理性所指导而言，或换言之，就人类遵从德行而言，每个人为自己所欲求的善便是理解（据第四部分，命题二十六），因此，每一个德行追随者为自己所欲求的善，他也会为了其他人而欲求。再者，就欲求与心灵有关而言，它就是心灵的本质（据情感的定义一）。现在，心灵的本质便是知识（据第二部分，命题十一），其包含着神的知识（据第二部分，命题四十七），而脱离了神的知识（据第一部分，命题十五），心灵的本质既不能存在，也不能设想而来。因此，随着心灵的本质包含更多关于神的知识，追随德行者对其他人也该拥有他所搜寻的善的东西的欲求将会变得更大。此证。

另证 一个人为自己所欲求且喜爱的善的东西，倘若他看见其他人也喜爱它，他将喜爱得更加频繁（据第三部分，命题三十一），因此，他将努力使其他人也喜爱这东西，并且，正如善的东西对所有人来说都是共同的，所有人也都能从中获悦。出于同样的原因，他也将努力去使所有人从中获悦，并且，随着他自己对善的东西的享受加深，他的这种努力也会加强（据第三部分，命题三十七）。

注释一　一个仅为情感所引导的人，将努力使他人喜爱他自己喜爱的东西，且要使其他人遵从他的想法去生活，仅由冲动引导去行动，因此他尤其憎恨那些从别的不同的事物中获取愉悦的人，而那些同样竭力使别人依照取悦自己的方式去生活的人也会憎恨他。再者，人类在情感的引导下求得的至高之善，仅能为一个单独的个体所拥有，由此便可得到，那些喜爱这件事物的人并不能坚定他们喜爱的意向，但是，当他们愉悦地赞颂喜爱之物时，又害怕别人相信他们的话。但是，一个努力以理性引领人类的人，并不会冲动行事，他的举止是亲切礼貌的，他的意图总是稳定的。再者，一切我们所欲求且所做的事，就我们拥有神的观念，或者知神而言，我们就是其原因，而我把这些事都归于宗教。产生于一种遵循理性的生活的做善事的欲求，我称之为虔诚。此外，一个人凭以遵从理性去生活，且与他人建立友谊的欲求，我称之为光荣。对于光荣的事迹，我意指为遵循理性生活的人所赞颂的事，对于卑劣的事迹，我意指与建立友谊背道而驰的事。另有，我还表明了什么是一个国家的基垫；根据我已经论述过的，也能轻易总结出真正的德行与软弱之间的差异，也就是说，真正的德行不是别的，而就是遵循理性去生活。软弱也不是别的，而就是一个人放任自己为外部事物所引导，为外部事物决定以一种迎合外界情况的方式去行动，而并不仅仅考虑他自身的本性。

这些就是我在本部分命题十八中答应要证明的内容，由此便容易得出，禁止屠杀动物的法律是建立在自以为是的迷信及妇人之仁之上，而不是建立在完全的理性之上的。对我们有用的理性的指令教给我们与同伴团结的必要性，却没教给我们与猛兽，或其他与我们的本性不同的事物相联结的必要性。我们对于它们所具有的权利，与它们对我们所具有的权利是一样的。但是，由于每个人的权利都为他的德行或力量所决定，人类对于野兽的权利远超于野兽对人类的权利。我仍旧不否认野兽也有感觉，我否认的是，我们不能关注我们自身的优势，随心所欲地利用它们，且以最适合我们的方式对待它们，因为它们的本性与我们的本性并不相似，它们的情感本性上也与人类的情感不同（据第三部分，命题五十七，注释）。之于公平与不公平，罪恶及美德，将由我来解释。关于这几点请看以下注释。

注释二 在第一部分的附录中，我曾许诺阐释赞赏与指责，美德与罪恶，公平与不公。

关于赞赏与指责，我已于第三部分，命题二十九的注释中讨论过，现在我们来讨论其他的几个词。但这之前，我还要略微阐述一下自然中的人及社会中的人。

每个人都依赖最高的自然权利而存在，因此，也依赖最高的自然权利去做那些出于其本性中的必然性的行为，因此，凭借最高的自然权利，每个人都能判断什么是善的，什么又是恶的，顺应他自身的情状寻找对他有益的东西（据第四部分，命题十九与第四部分，命题二十），报复那些对他有害的东西（据第三部分，命题四十，推论二），努力维存他喜爱的东西，摧毁他憎恨的东西（据第三部分，命题二十八）。现在，倘若人们遵从理性的指导去生活，每个人都将继续拥有这样的权利，也不会伤害到其他人（据第四部分，命题三十五，推论一）。但是，鉴于他们总是屈服于情感，做情感的奴隶，情感的力量又远超人类的力量或德行（据第四部分，命题六），故而他们经常被引入不同的境地，故而彼此产生分歧（据第四部分，命题三十三，命题三十四），同时又需要互相间的帮助（据第四部分，命题三十五，注释）。因此，为了人类能和谐地生活在一起，且彼此之间相互扶持，他们有必要放弃自己的自然权利，同时为了安全起见，也要约束所有能伤害到同伴的行为。如何达到这一目的，以致必然屈从于变化多样的情感（据第四部分，命题四，推论）的人们能够相互之间保持安全，保持信任，其所凭借的途径我们已于第四部分，命题七及第三部分，命题三十九证得。这便表明，一种情感仅能为另一种比它强大且与它对立的情感所压制，且人会因为害怕招致一个更大的灾祸而不去伤害别人。

社会也能基于这一法令建立而成，只要它把人人都拥有的报复伤害与判别臧否的权利都收归于自有，且假设它也拥有制定普遍的行为规则的力量，能够施行法律，并非凭借于控制情感上无力的理性，而是凭借恐吓（据第四部分，命题十七，注释）。对于这种以法律且维持其自身的力量建立起来的社会，我们称之为国度，而对于那些生活于它的庇护之下的人，我们称之为公民。我们也乐于理解，在自然的国度中，没有什么东西是被人们一致认同为善或恶的，因为，在自然的国度中，每个人都仅考虑他自身的利益，且根据相关的自身情状，决定什么是善的或恶的，他们不服从于任何其他的人，只听从他们自己。

因此，在自然的国度中，是无法设想罪恶的。罪恶仅存在于一个善恶皆为共同意志所判断的国家，存在于一个人人都服从权威的国家。如此说来，罪恶不是别的，就是反抗，因此它也会受到国家权利的惩罚。另一方面说来，服从则被归类于美德，因为只有一个人享受国家所提供的利益，人们才会认为他是称得上拥有美德的。再者，在自然的国度中，没有人是公认为拥有某件事物的，也没有任何事物可以说是属于一个人而不属于另外一个人的，一切事物对人类来说都是共有的。由此说来，在自然的国度中，我们是不能设想一个人把自己拥有的东西给予别人，或者夺走本就属于一个人的东西。换言之，在自然的国度中，没有什么是称得上公平或不公平的。仅在社会国度中，当众所公认某个事物属于这人或那人时，这些观念才有可能存在。

鉴于以上的所有考虑，明显可以知道，公平与不公，罪恶与美德，都是外部的观念，并不是展示心灵本性的属性。不过我已经论述得足够多了，便无须赘述。

命题三十八 一切能感触人类身体，使身体能够以多种方式受到感触，或者以多种方式感触外部物体的东西，对人类是有用的，所以，随之身体也将由此拥有以多种方式更多受到感触或感触其他物体的能力，反之，一切使身体于这方面拥有更少能力的东西对人类都是有害的。

证明 因此，一切提高身体能力的东西也将提高心灵的知觉能力（据第二部分，命题十四），所以，一切感触身体及使其拥有能力的东西，必然是善的或有用的（据第四部分，命题二十六，命题二十七）。越能使身体拥有能力，它就越有用。反之（据第二部分，命题十四及第四部分，命题二十六，命题二十七），倘若它使身体拥有的能力越少，它便是有害的。此证。

命题三十九 一切能保持人类身体各部分间动静关系之比例的东西，便是善的，反之，一切使比例有所改变的东西都是恶的。

证明 人类身体需要许多其他物体以维存自身（据第二部分，公设四），但是，组成人类身体的特殊结构（forma）的东西就是人类身体的各部分彼此间以一种固定的比例关系传达运动（据第二部分，命题十三后、引理四之前的定义）。因此，一切使得人类身体各部分之间运动与静止的比例关系得以维存的东西，也都维存着人类身体的特殊结构，因而使得人类身体能以多种方式受到感触或感触外部物体，所以便都是善的（据上一命题）。再者，一切能使得上述比例产生变化的东西都能致使人类身体获得另外一种特殊的品性，换言之（参见本部分的序言的末尾，这一点是不证自明的），遭受摧毁，且完全不能以各种不同的方式受到感触，因此，它便是恶的。此证。

注释 而这些东西到底能给予心灵何种程度的伤害或贡献，我们将于第五部分进行解释，但我将在这里论说，我认为，当人类身体各部分间的动静关系一经改变，这个身体就会死亡。因为，我并不敢贸然否认，当一具人类身体保持其自身血液的循环流动和其他的特性时，它是有生命的，但它也可能仍然变成与其自身本性完全不同的另外一种本性。没有理由能迫使我相信，除非一个身体变成了死尸，否则它将不会死去，反之，经验指向了相反的结论。我们有时会遇见这样的情况，一个人经历了某些变化，甚至于我们几乎不能把他当成原来的那个人。就比如，我听说过关于一个西班牙诗人的故事，他疾病缠身，尽管后来痊愈了，仍留下了后遗症。他失去了自己过去生活的记忆，他也不相信自己过去写下的戏剧和悲剧乃是自己的作品。事实上，倘若他还忘记了自己的母语，那就可以把他看作一个巨婴了。倘若这一情况难以置信，我们又怎么称呼婴儿呢？一个成年人总觉得自己的本性与婴儿的不同，总是看到其他人才类推到自己也曾是个婴儿。然而，唯恐给迷俗盲信提供新的话题，我情愿不讨论这些问题。

命题四十 一切能有益于人的社交生活的东西，或引导人类和谐地生活在一起的东西，都是有用的，然而，一切给国家带来混乱的东西，都是恶的。

证明 因为，一切致使人类和谐地生活在一起的东西也会使它们按照理性去生活（据第四部分，命题三十五），因此（据第四部分，命题二十六，命题二十七）这些东西都是善的，并且（根据相同的理由）一切导致混乱的东西都是恶的。此证。

命题四十一 就愉快自身来说，它不是恶的，而是善的；反之，就痛苦自身来说，它是恶的。

证明 愉快是一种情感（据第三部分，命题十一及注释），由此身体的活动力量得以增强或促进。痛苦也是一种情感，由此身体的活动力量受到减弱或阻挠。因此（据第四部分，命题三十八），就愉快自身来说，它不是恶的，而是善的。反之，就痛苦自身来说，它是恶的。此证。

命题四十二 欢乐是不会过多的，但它总是善的，反之，忧愁总是恶的。

证明 欢愉（参见第三部分，命题十一，注释中欢愉的定义）就是愉快，就其与身体有关而言，身体的各个部分都平等地受到感触，也就是说（据第三部分，命题十一），身体的活动力量以一种方式得以增强或促进，即各部分保持它们之前的动静比例。因此，欢愉总是善的（据第四部分，命题三十九），且不能过多。但是忧郁（参见第三部分，命题十一，注释中忧郁的定义）就是痛苦，就其与身体有关而言，是身体的活动力量的绝对阻挠，因此（据第四部分，命题三十八），它总是恶的。此证。

命题四十三 刺激可能是过多的且恶的，换言之，悲伤能是善的，这是就刺激或愉快是恶的而言。

证明 轻微的愉快或刺激（titillatio）也是愉快，就其与身体有关而言，在于身体的某一部分或某些部分比其他部分受到更多的感触（参见第三部分，命题十一，注释中的定义）。这种情感的力量可能足以超过身体的其他活动（据第四部分，命题六），且与身体牢固地联系在一起，因此使得其不能以各种其他的方式受到感触，故而（据

第四部分，命题三十八）它是恶的。再者，悲伤，也是痛苦，不能是善的（据第四部分，命题四十一）。但是，正如其力量及增长都为一个外部原因的力量与我们自身的力量的比较所确定（据第四部分，命题五），我们能设想这种情感的无限程度及力量的模式（据第四部分，命题三），因此，我们就能设想它有能力限制刺激，且防止其变得过多，阻碍身体的能力，因此，这一层面来讲，它将是善的。此证。

命题四十四 喜爱和欲求都可能变得过多。

证明 喜爱是一种愉快，这种愉快伴随着一个外部原因的观念（据情感的定义六），因此，刺激伴随着一个是为爱的外部原因的观念（据第三部分，命题十一，注释），由此，喜爱可能变得过多。再者，随着其所起源的情感的不同，欲求的力量也变化着（据第三部分，命题三十七）。现在，情感也许能超越一切其他的人类行为（据第四部分，命题六），因此，起源于相同情感的欲求能够超过其他的欲求，变得过多，正如我们在上一命题中所论述的有关刺激的内容。

注释 我称之为善的欢乐，比亲眼见到要更容易设想而来。因为，每日侵扰我们的情感，一般都与身体的某个比其他部分更受感触的部分有所关联，由此很多情感都是过多的，而且使心灵牢牢沉思着一个对象，以致其不能想到其他东西，并且，尽管人类普遍屈服于种种情感，却很少有人永远为同一种情感所袭扰，不过经常为同一种情感所袭扰的情形倒是常见。有时我们会看见一个人十分沉迷于某个对象，以至于尽管这个对象不在当下，他们也会认为它就在面前。倘若这事不是在那人睡觉时发生的，我们便称他精神错乱或是发疯了，而那些沦陷于爱情中的人，那些日夜梦想着情人或某个女人的人，也不可不谓之疯狂，因为他们的言行总是惹人发笑。但是，若一个守财奴只想着资财与金钱，不想着其他的什么东西，或一个有野心的人只想着荣誉，因为他们总是损人利益且为人所憎恨，故而他们便不能认作是疯狂的。不过事实上，贪财、野心、性欲等，都属于疯狂的类别，尽管人们并不认为它们是疾病。

命题四十五 憎恨从来都不是善的。

证明 当我们憎恨一个人，我们会努力去摧毁他（据第三部分，命题三十九），也就是说（据第四部分，命题三十七）我们会努力去作恶的事。因此，憎恨从来都不是善的。此证。

注：这里及以下所讨论到的憎恨，我都指对人类的憎恨。

推论一 嫉妒、嘲讽、蔑视、愤怒、报复以及其他能归于憎恨的情感，以及起源于憎恨的情感，都是恶的。根据第三部分，命题三十九及第四部分，命题三十七的注释中卑鄙与不公的定义，这是很明显的。

推论二 一切我们欲求于憎恨的动机的东西都是卑鄙的，且在一个国家里是不公平的。根据第三部分，命题三十九，以及第四部分，命题三十七的注释中所讨论的卑鄙与不公的定义，这也是很清楚明白的。

注释 在嘲讽（在本命题的推论一中，我称之为恶的）和大笑之间，我察觉到很大的区别。大笑也是幽默，是单纯的愉快，因此，只要大笑不过多，它自身便是善的（据第四部分，命题四十一）。可以确信的是，除了冷酷愁闷的迷信，没有什么能阻挠一个人去享受自我。为什么满足一个人的饥渴要比缓解郁闷更合理呢？我所相信的理由如下：除了嫉妒之人，没有神或其他人能从软弱与不安中获取愉悦，也不能将泪水、哭咽、恐惧和其他类似的是为精神弱点的表象归类于德行。相反说来，我们受愉快的感触越大，我们就越能转化到越大的完满，换言之，我们就必定拥有越多的神性。因此，一个明智之人必要会利用那些阻挠他的东西，也必要尽可能地享受它们（享受不可过多，不然便不成其为享受了）。我的意思是，一个明智的人会借助于适量宜人的美食与酒饮，沁人心脾的香水，婀娜柔软的植物，服饰、音乐、运动、剧院，以及其他类似不会伤及朋友的东西，去反省自己，更新自己。因为，人类身体由众多本性不同的部分组成，这些部分持续需要各种各样的新鲜补给，以致整个身体都能同等地执行出自其本性的必然性的一切活动，而心灵也同时能平等地理解这些事物。如此说来，这种生活的方式与我们的原则和普世常规最为相适，因此，倘若还有其他的生活方式，相比起来，我们在这里提到的生活方式是最善的，其各个方面都值得推崇。我也没有必要再对此做出更清晰详细的论述了。

命题四十六 遵循理性的指导而生活的人，尽可能努力地用喜爱或善意去回报人类对他的憎恨、愤怒、蔑视等。

证明 一切关于憎恨的情感都是恶的（据第四部分，命题四十五，推论一），因此，遵从理性的指导去生活的人都尽可能努力地避免为这种情感所袭扰（据第四部分，命题十九），因此，他也将努力阻挠别人受到这样的袭扰（据第四部分，命题三十七）。但是，憎恨会通过相互间的报复而得以增强，而为喜爱所平息（据第三部分，命题四十三），故而憎恨能变成喜爱（据第三部分，命题四十四）。因此，遵从理性去生活的人将努力用喜爱回报憎恨，也就是说，用善意回报憎恨。此证。

注释 一个选择用憎恨来报复伤害的人其实是可怜的。相反，一个努力以喜爱征服憎恨的人，快乐又自信地进行他的战斗，就算很多人针对他，他也能像反抗一个人那样轻而易举地反抗他们，并且很少需要命运的帮助。他所征服的那些人，大多也是乐于臣服于他的，并非因为败于他手，而是因为他们的力量也有所增强。根据单纯的喜爱及理性的定义，这些结果都是很容易推理得出的，我也不再需要详细证明。

命题四十七 希望的情感和恐惧的情感本身便不是善的。

证明 希望的情感和恐惧的情感不能脱离了痛苦而存在。因为，恐惧是一种痛苦（据情感的定义十三），而希望（据情感的定义十二及定义十三的说明）不能脱离了恐惧而存在，因此（据第四部分，命题四十一），这些情感本身便不是善的，仅就他们能限制过多的愉快而言（据第四部分，命题四十三），才能说这些情感是善的。此证。

注释 要补充的是，这些情感表示了心灵的知识缺漏与力量缺陷，出于同样的理由，自信、绝望、欢乐与失望都是心灵力量缺失的迹象。因为，尽管信心和欢乐都是愉快的情感，但都以一种痛苦为前提，也就是以希望和恐惧为前提。因此，我们越是努力为理性所引导，就越少依赖希望，而我们总是努力使自己摆脱恐惧，且尽可能地去掌控命运，遵循理性的确切忠告，指导自己的行为。

命题四十八 过誉的情感和轻蔑的情感总是恶的。

证明 这些情感（参见情感的定义二十一及定义二十二）都是与理性相矛盾的，因此（据第四部分，命题二十六，命题二十七）它们是恶的。此证。

命题四十九 过誉应该使其对象感觉傲慢。

证明 倘若我们看到某个人出于喜爱的缘故把我们评价得太高，我们会觉得很高兴（据第三部分，命题四十一），或者受愉快地感触（据情感的定义三十），并且乐于相信我们所听到的关于善的东西（据第三部分，命题二十五），因此，出于喜爱自己的缘故，我们会过高地评价自己，换言之，我们趋向于变得傲慢。此证。

命题五十 就一个人遵从理性的指导去生活而言，怜悯自身便是恶的且无用的。

证明 怜悯（据情感的定义十八）是一种痛苦，因此（据第四部分，命题四十一）它本身就是恶的，而怜悯产生的善的结果，即我们努力从痛苦中解放我们所怜悯的对象，是我们单纯出于理性的命令所欲求做出的行为（据第四部分，命题三十七）。仅有在理性的指导下，我们才能做出什么行为，而这些行为都是我们确知为善的（据第四部分，命题二十七），因此，对于一个遵从理性的指导去生活的人来说，怜悯本身便是无用的且恶的。此证。

注释 若一个人能正确认识到，一切事物都出自神圣本性的必然性，以及一切事物都是遵循永恒无限的自然法规而出现的，那么他将不会发现什么东西是值得憎恨、鄙视或嘲笑的，他也不会可怜什么东西，他只会趋于达到人类德行的极致那样努力行善，也就是说，努力获取愉悦。还要补充的是，一个轻易为同情所感触的人，且总是为他人的痛苦或泪水所感动的人，经常会后悔他之前做过的一些事。一部分是因为我们从来都不能确信某个为情感所致的行为是善的，另一部分是因为我们很容易被虚伪的泪水所欺骗。这里，我特别讨论的是遵循理性的指导去生活的人。若一个人不是出于理性，也不是出于同情，而是受到感动去帮助别人，那么确切来说，可以称他为没有人性了，因为（据第三部分，命题二十七）他看起来不像是人类了。

命题五十一 认同并不与理性相矛盾，但却能遵从理性且从理性中得来。

证明 认同是对一个与他人为善的人的喜爱（据情感的定义十九），因此，认同与心灵有关，这是就心灵是主动的而言（据第三部分，命题五十九），也就是说（据第三部分，命题三），就它的理解作用而言。因此，认同并不与理性相矛盾，但却能遵从理性且从理性中得来。此证。

另证 一个遵从理性的指导去生活的人，也为别人欲求他自己所搜寻的善的东西（据第四部分，命题三十七），因此，看到别人对自己的同伴行善事，他自己行善事的努力也会得到帮助，换言之，他将感觉愉快（据第三部分，命题十一，注释），这种愉快伴随着施助者的观念。因此他认同他。此证。

注释 我们所定义的愤慨（据情感的定义二十）必然是邪恶（据第四部分，命题四十五），然而，我们要明白的是，当最高权力出于维护和平的缘故惩罚了一个伤害他人的市民，这是不能说成当权愤慨于罪犯的，因为当权并不是因为憎恨他，而是出于职责感的缘故去惩罚他。

命题五十二 自我认同将产生于理性，而产生于理性的自我认同，才是最高的自我认同。

证明 自我认同是起源于一个人对自身及其活动力量的沉思的愉快（据情感的定义二十五）。但是，一个人的真实的活动力量或德行就是理性自身（据第三部分，命题三），正如这个人清晰明了地思考理性那样（据第二部分，命题四十，命题四十三）。因此，自我认同产生于理性。再者，当一个人沉思自身时，他仅会清晰明了地或确切地知觉那些出于他活动力量的东西（据第三部分，定义二），也就是说（据第三部分，命题三），那些出于他的理解力量的东西，因此，仅从这样的沉思中，才有最高的自我认同产生。此证。

注释 自我认同事实上就是我们所希望的最高对象。因为（正如我们在第四部分，命题二十五中所示），没有人会为了任何未来的对象而努力维持他自身的存在，而且，这种认同会因为赞赏而越来越得以加强（据第三部分，命题五十三，推论），相反来说（据第三部分，命题五十五，推论），这种认同也会因为指责而越来越受到干扰，所以，名望就变成了行为的最强有力的动机，而受人凌辱的生活是几乎不能忍受的。

命题五十三　谦虚不是一种德行，它并不起源于理性。

证明　谦虚是一种痛苦，起源于一个人对自身弱点的沉思（据情感的定义二十六），但是，就一个人能以真正的理性了解自己而言，他是理解自己的本质的，也就是说，他是理解自己的力量的（据第三部分，命题七）。因此，倘若一个沉思自我的人知觉到自身的任何弱点，这并非由于他理解自己，而是（据第三部分，命题五十五）由于他自身的活动力量受到了阻挠。但是，倘若我们假定一个人知觉其自身的弱点，是由于理解某些强于他自身的东西，通过这些知识，他决定自身的活动力量。这也就是说，我们设想一个人很清楚地了解自己（据第四部分，命题二十六），是因为他的活动力量得到了提升。因此，起源于一个人对自身弱点的沉思的谦虚或痛苦，并不产生于沉思或理性，并非一种德行，只是一种激情。此证。

命题五十四　悔恨不是一种德行，其并不起源于理性，而一个忏悔其行为的人无疑是悲伤的或意志薄弱的。

证明　这一命题的前半部分的证明方式正如上述命题，后半部分的证明方式则仅单纯根据情感的定义（据情感的定义二十七）。因为，一个悔恨的人首先为邪恶的欲求所侵扰，接着再为痛苦所侵扰。

注释　既然人类很少遵从理性的指导去生活，那么谦虚和悔憾，以及希望和恐惧这几种情感，给人类带来更多的是利益而非伤害。由此说来，若我们必须有罪，我们最好还是犯罪后拥有这种情感。因为，倘若所有臣服于情感的人都同样傲慢，他们将无所逃避，无所畏惧，而他们又会凭借怎样的联系团结联合在一起呢？当人群无所畏惧，他们将实施专制与暴力；由此我们也就不需要奇怪，那些不为少数人谋善，而为多数人造福的先知们，都竭力推崇谦虚、悔憾，以及虔诚。事实上，那些顺从于这些情感的人，较其他人都更容易被引领在理性的指导下生活，也就是说，他们将变得自由且享受充满幸福的生活。

命题五十五　极度傲慢或极度自卑都表示极度的自我忽视。

证明　根据情感的定义二十八与定义二十九。

命题五十六　极度傲慢或极度自卑都表示精神的极度虚弱。

证明　德行的首要基础就是遵从理性的指导（据第四部分，命题二十四）去自我维存（据第四部分，命题二十二，推论）。因此，一个忽视自我的人，便会忽视所有德行的基础，因而忽视所有德行。再者，合乎道德的行动仅仅是遵从理性的指导去行动（据第四部分，命题二十四）。现在，遵从理性的指导去行动的人，必定知道他是这样行动的（据第二部分，命题四十三）。因此，一个极度忽视自己的人，总是忽视了一切德行，是最少遵从德行去行动的人，换言之（据第四部分，定义八），他的精神力量是最为薄弱的。因此，极度傲慢或极度自卑都表示了精神的极度虚弱。此证。

推论　由此可以清楚地得出，傲慢的人与自卑的人都尤易为情感所困扰。

注释　然而，自卑要比傲慢更容易纠正，因为傲慢是一种愉快的情感，而自卑是一种痛苦的情感，而后者要更强于前者（据第四部分，命题十八）。

命题五十七　傲慢的人会乐于奉承者与依附者的陪伴，而讨厌高尚的人的陪伴。

证明 傲慢是一种愉快，起源于一个人对自己的过高评价（据情感的定义二十八及定义六），一个傲慢的人将运用他的力量努力培养这种评价（据第三部分，命题十三，注释），因此他将乐于奉承者与依附者的陪伴（这些人的品性众所周知，故无须再阐释），而讨厌那些依其品性去评价他的高尚之人的陪伴。此证。

注释 若要一一罗列傲慢的恶劣后果，未免将过于冗长，因为傲慢之人虽臣服于一切情感，却很少为喜爱和怜悯所控制。然而，不得不提的是，一个人之所以被称为傲慢，是因为他过于低估了别人，因此，这种意义上的傲慢将被定义为起源于错误的主观臆断的愉快，一个人凭此会认为自己比他的同伴要更优秀。与这种傲慢相对立的品性，自卑将被定义为起源于错误的主观臆断的痛苦，一个人凭此会认为自己比他的同伴要更卑微。这样便能容易理解，一个傲慢之人必然是会嫉妒别人的（据第三部分，命题四十一，注释），他乐于相来往的只是那些逢迎他的软弱心灵以戏弄他，使他从单纯的愚蠢变得狷狂的人。

尽管自卑是与傲慢相对立的情感，然而自卑之人与傲慢之人是十分相似的。因为，就他的痛苦起源于自身弱点与别人的力量或德行的比较而言，倘若他又想象别人的缺点，这种痛苦将会消除，或换言之，他将感觉愉快，故谚语云："同病相怜，同忧相救。"反之，当他认为自己不如别人的时候，他将变得更加痛苦，由此说来，没有谁能比自卑之人更容易嫉妒别人了。他们对于别人的言行尤有一种挑刺的热情——只是为了找茬，而不是为了纠错。他们赞美自卑，因自卑而感到光荣，与此同时还一直保持着自卑的心态。这些结果都必然产生于上述情感，正如根据三角形的本性，就能推理得出，三角形的三个内角和等于两个直角和。我已经说过，我称这些类似的情感是恶的，仅是就情感对人是否有用而言。自然的法则关系到自然的一般秩序，而人类就是这一般秩序的一部分。我顺便提到这点，就是以防人们认为我只想批判人类行为的缺陷与荒谬之处，而不是意图指出事物的本性或特质。因为，正如我在第三部分的序言中提到的，我对人类情感及其性质和其他自然现象一视同仁，对于两者的研究我采取的是同样的态度。可以确信的是，倘若人类情感并不表示人类的本性，也能呈现自然的力量及匠心，正如其他为我们所倾慕，而我们乐于去品味的事物一样。但是，以上所述，都是为了阐明情感的品性，不论这些情感是使人受益，还是使人受害。

命题五十八 光荣并不与理性相矛盾，光荣产生于理性。

证明 根据情感的定义三十及一个值得尊敬之人的定义（据第四部分，命题三十七，注释一），这是很清楚的。

注释 虚荣，仅是为大众的意见所形成的一种自我认同，当这种大众意见消失了，自我认同也就消失了，换言之，一个人最喜爱的对象也就消失了（据第四部分，命题五十二，注释）。因此，若一个人的尊荣建立在大众认同的基础上，他将夜以继日，心绪不安地为了维护自己的名声去奋力行动及筹谋划策。因为公众总是反复无常的，也就是说，倘若名声无法继续维持，它将很快消失殆尽。每个人都希望自己能获得公众的赞同，也总倾向于诋毁别人的声望，那么，冲突便会被认为是百善之首，每个战斗者都怀着打败敌手的强烈欲望，为此用尽千方百计，到了最后我们才发现，那个脱颖而出的胜利者更自豪于伤害他人，而不是善待自己。如此说来，这种尊荣其实是空虚的，是虚无的。

关于羞耻的一些内容，我们也能从仁慈和悔憾的论述中轻易推理得到。现在仅要补充的是，羞耻正如同情一样，尽管不是一种德行，却仍是善的，这是就它表示羞耻者是真正欲求要过光荣的生活而言。同样地，就伤痛部分尚未麻木无觉而言，折磨也是善的。因此，尽管一个感觉羞耻的人是痛苦的，他仍要比那些不想体面生活的无耻之徒更为完满。

以上就是我承诺过要关于愉快和痛苦的情感的论述，至于欲求的或善或恶，与它们所起源的情感的或善或恶是一致的。但是，就其为被动的心灵情感所产生而言，一切欲求都是盲目的（根据我们在第四部分，命题四十四，注释中所说的，这是很清楚的），而且，倘若人类能容易地仅遵循理性的指导去生活，这些欲求还是无用的，关于这些我将于以下简要论述。

命题五十九 一切为我们的被动的情感所决定的行为，也可以为理性而不是情感所决定。

证明 理性地行动，不是别的（据第三部分，命题三及定义二），而是只做那些出于必然且仅出于我们本性的行为。但痛苦是恶的，这是就它减弱或阻挠活动的力量而言（据第四部分，命题四十一），因此，我们不能为痛苦所决定去做出一切不遵理性的行为。再者，仅就愉快阻挠一个人的活动能力而言，它才是恶的（据第四部分，命题四十一，命题四十三），因此，从这方面来说，我们也不能为其所决定去做出一切不遵循理性的行为。最后，就愉快是善的而言，其与理性是协调一致的（因为它在于一个人的活动能力得到了增强与促进）。如果一个人的活动力量没有增强至能确切理解自己及自己的行为，心灵于其中便不是被动的（据第三部分，命题三及其注释）。

因此，倘若一个受愉快所感触的人达到了一种完满的状态，以至于他获得对自身及其行为的确切认识，他将同样，甚至更能做出那些为被动的情感所决定的事。但是，所有的情感都归属于愉快、痛苦或欲求（据情感的定义四的说明），而且欲求（据情感的定义一）不是别的，而是行动的尝试，因此，一切为我们的被动的情感所决定的行为，也可以为理性而不是情感所决定。此证。

另证 一个既定的行为被称为恶的，这是就其产生于一个为憎恨或任何邪恶的情感所感触而言。但是，就行为自身而言，没有行为是或善或恶的（正如我们于第四部分的序言所指出的那样），同一个行为有的时候可能是善的，有的时候可能也是恶的。因此，这种有时是恶的行为，或者起源于某些邪恶情感的行为，我们也能使它们为理性所指导（据第四部分，命题十九）。此证。

注释 举个例子就能使这一点更加清楚明了。比如说锤击的动作，就其被认为是身体动作而言，也就我们仅看到一个人抬起胳膊，握紧拳头，把整个臂膀往下猛砸而言，这动作是一种符合人类身体结构的能力。如此说来，倘若一个人为痛苦或憎恨所感触，而要握紧拳头或挥动胳膊，产生这样的结果（正如我们在第二部分中论述的那样），是因为同一行为可以与各种各样的事物的心灵映象有所关联，因此，我们也能为各种混乱或清晰明了的观念所决定去做出同一种行为。由此说来，可以清楚的是，倘若人能够遵循理性的指导，每种产生于被动的心灵情感的欲求都将是无用的。现在，我们也能明白，为什么称起源于被动的心灵情感的欲求是盲目的。

命题六十 起源于一种愉快或痛苦的欲求，倘若这种欲求并不归属于整个身体，而只归属于整个身体或其中的某些部分，那么它对于整个人来说是没有效用的。

证明 例如，我们假定身体的一部分 A 为某种外部原因所增强，以至于它胜于其余部分（据第四部分，命题六），而这一部分并不能竭力消殒其自身的力量，使得身体的其他部分履行其职能。因为这样，它将必然拥有一种力量以消殒其自身力量，而这是（据第三部分，命题六）不合理的，那么这一部分，以及心灵也会努力维持其条件。因此，起源于这种愉快的欲求对于作为整体的人来说并无效用。换言之，倘若假定该部分A受到了阻挠，以至于其余部分占了上风，根据相同的方法可以证得，起源于痛苦的欲求对于作为整体的人来说是没有效用的。此证。

注释　由于愉快普遍（据第四部分，命题四十四，注释）与身体的一部分有关系，我们欲求维持自身的存在时，并不把健康作为一个整体来考量。关于这一点，可以补充的是，那些掌控我们最多的欲求（据第四部分，命题九）只考虑了现在，而不考虑将来。

命题六十一　产生于理性的欲求并不能过多。

证明　欲求（据情感的定义一）绝对是人的真实本质，这是就它被设想为以一种方式为自身某个既定的情态所决定做出特殊的行为而言。因此，起源于理性的欲求，也就是说（据第三部分，命题三），就我们行动而言，产生于我们自身的欲求，就是人的真实本质或真实本性，这是就设想它为被决定去做这些仅通过人的本质被确切认识的行为而言（据第三部分，定义二）。现在，倘若这种欲求能变得过多，单就人类本性自身而论，它将能超过自身，或者做比它能力所及要更多的东西，这是明显的矛盾。因此，这种欲求不能过多。此证。

命题六十二　就心灵遵从理性的指导设想一件事物而言，不论是一件未来事物，过去事物，还是现在事物的观念，心灵的感触都相同。

证明　心灵遵从理性的指导设想而来的一切东西，都是它遵从永恒必然的形式设想而来的（据第二部分，命题四十四，推论二），因此都受相同的必然性所感触（据第二部分，命题四十三及其注释）。因此，不论这件事是现在的、过去的，还是未来的，心灵都会遵从相同的必然性设想它，并且为相同的必然性所感触，而不论是关于现在事物，过去事物，还是未来事物的观念，它都是同样真实的（据第二部分，命题四十一）。这也就是说，它将总是拥有与确切观念相同的性质（据第二部分，定义四）。因此，就心灵遵从理性的指导设想事物而言，不论是设想一件未来事物、过去事物，还是现在事物的观念，它都以相同的方式受到感触。此证。

注释 倘若我们能拥有关于事物的时长的确切知识，也能根据理性决定它们存在的时间，我们就能以沉思现在事物的相同情感去沉思未来事物，心灵也将欲求其设想为未来的善的东西，就像这东西就在当前一样。因此，心灵必然会为了未来的一个较大的善而忽视现在的一个较小的善，也决不会欲求一个现在为善，却将于未来招致邪恶的东西。对于这一点，我们以后也会进行论述。然而，我们仅能拥有关于事物的时长的不确切的知识（据第二部分，命题三十一），而且我们仅能根据想象来决定这些事物的存在时期（据第二部分，命题四十四，注释），而想象受未来事物的感触远不如受现在事物的感触那样强烈。由此说来，我们所拥有的关于善和恶的真知识仅仅是抽象的或普通的，而我们对于万物秩序和因果关系做出判断，是为了辨别当下哪些东西是善的，哪些东西是恶的，这种判断实则多具想象的成分，而少具现实的成分。因此，无足奇怪，若起源于这种善恶知识的欲求与未来有关，它将更容易为与现时相关的事物的欲求所阻挠（参见第四部分，命题十六）。

命题六十三 一个为恐惧所引导，且行善以避恶的人，并不为理性所引导。

证明 归属于主动的心灵的一切情感，或者换言之，归属于理性的一切情感，都是愉快和欲求的情感（据第三部分，命题五十九）。因此，一个为恐惧所引导，且行善以避恶的人，并不为理性所引导。

注释 迷信之辈只知道咒骂罪恶，而不知如何教授德行，他们竭其所能不以理性指导人类，却去控制他们，使他们宁愿逃离邪恶，也不愿喜爱德行。他们没有别的目的，只想把别人变得和他们自己一样卑鄙，因此，若他们对同伴来说总是麻烦又讨厌的，这也没什么好奇怪的。

推论 在起源于理性的欲求之下，我们直接搜寻善的东西，间接地避开邪恶。

证明 起源于理性的欲求仅能产生于一种令人愉快的情感，于其中心灵不是被动的（据第三部分，命题五十九），换言之，产生于一种不能过度的愉快（据第四部分，命题六十一），而不产生于痛苦，因此，这种欲求起源于关于善的知识，而不起源于关于恶的知识（据第四部分，命题八）。由此，在理性的指导下，我们直接搜寻善的东西，间接地避开邪恶。此证。

注释 这一推论可以借一个病人和一个健康之人的例子加以说明。生病之人因为对死亡的恐惧去吃他不想吃的东西，但是健康之人能从他的食物获取愉悦，因此，相较于对死亡的恐惧，他更享受生活，也想要直接躲避死亡。所以，一个给罪犯判了死刑的法官，并非出于憎恨或愤怒，而是出于对公共利益的喜爱，他的行为仅为理性所引导。

命题六十四 关于邪恶的知识是一种不确切的知识。

证明　关于邪恶的知识（据第四部分，命题八）就是我们意识到自身的痛苦。现在，既然痛苦是向一个较小的完满的转化（据情感的定义三），因此痛苦并不能通过一个人的本性得以理解（据第三部分，命题六及命题七），因此，心灵的被动状态（据第三部分，定义二，命题三）依赖于不确切的观念，因而其中的知识（据第二部分，命题二十九），即邪恶的知识便是不确切的。此证。

推论　由此可以推出，倘若人类心灵仅拥有确切的观念，它将不会形成邪恶的观念。

命题六十五　遵从理性的指导，我们应该选择两种善中的较大者，两种恶中的较小者。

证明　一件阻挠我们享受更善的事情的善事，事实上是一件恶事。因为，我们以词语善和恶称呼一件事物，这是就我们将其与另一个词语做比较而言（参见本部分的序言），因此，邪恶事实上就是较小的善。由此，在理性的指导下，我们搜寻或追求的仅是更大的善及更小的恶。此证。

推论　在理性的指导下，我们将为了较大的善而去追求较小的恶，同时，我们也会避免能导致较大的恶的较小的善。因为，我们这里所指的较小的恶，才是真正善的，而较小的善，才是真正恶的，因此我们将追求前者，而避免后者。此证。

命题六十六　在理性的指导下，我们将搜寻一个于未来较大的善，这个善与现在的一个较小的善有关联，且我们将于现在搜寻一个较小的善，这个善与未来的一个较大的善有关联。

证明　倘若心灵能拥有关于未来事物的确切知识，它将以相同的方式受未来事物与现在事物的感触（据第四部分，命题六十二），因此，仅依据理性，正如我们在这一命题中所假设的那样，不论较大的善或较大的恶是在当下还是在未来，由此（据第四部分，命题六十五），在理性的指导下，我们将搜寻一个于未来较大的善。这个善与现在的一个较小的善有关联，且我们将于现在搜寻一个较小的善，这个善与未来的一个较大的善有关联。此证。

推论 在理性的指导下，我们将追求一个当下较小的恶，因为它将于未来产生一个较大的善，并且，我们将避免现在的一个较小的善，因为它将于未来产生较大的恶。这一推论与上述命题的关系正如第四部分，命题六十五的推论与第四部分，命题六十五的关系。

注释 倘若将以上所说与我们在本部分命题十八中论述的关于情感的力量的内容进行对比，我们很容易就能看出一个仅由情感或主观意见所引导的人与一个由理性所引导的人之间的区别。由情感或主见所引导的人，不论他意愿与否，他对于自己的行为都是完全无知的，而为理性引导的人，他是自己的掌控者，只会做那些他认为于生活中极为重要又十分欲求的事。因此，我称前者为情感的奴隶，称后者是一个自由的人，关于自由之人的性格与生活方式，我也要如下作一番论述。

命题六十七 自由的人最少想到死亡，他的智慧不是对于死亡，而是对于生活的沉思。

证明 一个遵循理性的指导去生活的自由之人，并不为恐惧所引导（据第四部分，命题六十三），但是他会欲求善的东西（据第四部分，命题六十三，推论），换言之（据第四部分，命题二十四），他会奋力去行动，去生活，且以发掘自身的真正优势去维持其存在。因此，这样的一个人是最少想到死亡的，但是他的智慧就是对生活的沉思。此证。

命题六十八 倘若人生来自由，且只要他们保持这种自由，他们将不会形成善与恶的概念。

证明 我称一个仅为理性所引导的人是自由的，因此，一个生来自由的人，且保持自由的人，仅拥有确切的观念，所以（据第四部分，命题六十四，推论），他并不拥有恶的概念，也不拥有善的概念（善与恶是相互关联的）。此证。

注释 根据第四部分，命题四，可以明显看出，除非就我们仅研究人的本性或神的本性而言，且并非就神是无限的，而是就神是人的存在的原因而言，这一命题的假设是错误的且不可信的。

关于这一点，以及我们已经证明过的其他几点，似乎已为摩西于历史中记载过。因为，在摩西的叙述中，除了创造人类，并没有关于其他神之力量的设想，也就是说，他只提出了一种使人类获益的力量。他说上帝禁止自由之人食用善恶知识之树的果实，一旦人类吃下了其果实，他就会立刻变得害怕死亡，甚至大过生活的欲求。此外，他还说，当男人找到了一个与他的本性完全契合的妻子时，他会发现，世上再没有别的什么比他的妻子对他来说更为有用了。若他相信猛兽与他很是相似，他将立刻去模仿它们的情感（据第三部分，命题二十七），而丧失了他的自由。后来教会长老又借助基督精神的引导，为他恢复了这种自由。而该基督精神亦是神的观念，所以，只有依赖于神的观念，人才是自由的，才能为其他人欲求那些他为自己所欲求的善的东西，正如我们已经如上论述过的（据第四部分，命题三十七）。

命题六十九 一个自由之人的德行在躲避危险与克服危险时是同样伟大的。

证明 情感仅能为一种相反的情感所阻挠或去除，且在控制情感上拥有更多的力量（据第四部分，命题七），但是盲目的勇气和恐惧都能被设想为同样伟大的情感（据第四部分，命题五及命题三）。由此可得，压制勇气与克服恐惧所需的是同样多的德行与坚忍（据第三部分，命题四十九，注释），换言之（据情感的定义四十及定义四十一），自由之人在躲避危险与克服危险时所展示的德行是同样伟大的。此证。

推论 自由之人撤退时所需的勇气与其在战斗中所需的勇气一样多，或者说，一个自由之人不论是选择战斗还是撤退，他都展示出同样的心灵的勇气或镇定。

注释 什么是勇气（animositas），且什么是我所了解的勇气，我已经在第三部分命题十九的注释中阐释过了。这里的危险，我指能产生邪恶的一切东西，例如痛苦、憎恨、冲突等。

命题七十 一个生活在无知者中的自由之人，都将尽他所能努力避免接受他们的恩惠。

证明 每个人都根据他自身的情态判断什么是善的东西（据第三部分，命题三十九，注释），因此，一个施恩惠于他人的无知的人，把自己的评估赋予了这个恩惠，倘若他看见这个恩惠被接受者低估了，他将感觉痛苦（据第三部分，命题四十二）。但是，自由之人仅欲求与他人建立友谊（据第四部分，命题三十七），却并不以给予者所估认的价值同等地回报他们，但会遵循理性的自由决定去引导自己以及其他人，且他也仅去做那些他认为最重要的事情。因此，一个自由之人为避免引起一个无知之人的憎恨，抑或顺从他们的欲求而不是他们的理性，他将尽其所能避免接受他们的恩惠。此证。

注释 我说的是，尽他所能避免接受他们的恩惠，并非完全避免。因为，无知的人类也终究是人，也能在必要时给予我们帮助，而这种帮助比其他任何事都更具有价值。因此，经常接受他们的帮助，且以类似的帮助回报他们也是有必要的，所以，在婉拒帮助的时候，我们必须要万分谨慎，以免表现出鄙视那些施助者的神色，也避免表现出因贪婪而不愿回报他们的神色，不要因为拒绝反倒招致他们的不满。因此，在婉拒善意时，我们必须要注重礼节，考虑周到。

命题七十一 只有自由之人才能对彼此有完全的感恩。

证明 只有自由之人对彼此是完全有用的，且由最亲密的友谊的必然性所互相关联（据第四部分，命题三十五及推论一），也仅有这样的人会以彼此间的喜爱去施恩惠于对方（据第四部分，命题三十七），所以，只有自由之人才能对彼此有完全的感恩。此证。

注释 人类为盲目的欲求所引导而赠予彼此的善意，一般来说只是交易或引诱，并不是纯粹的善意。此外，忘恩负义不是一种情感，而是卑劣，因为它表示一个人为过度的憎恨、愤怒、傲慢、贪婪等情感所感触。一个因为自身的愚蠢而不知如何回报利益的人，不能说是忘恩负义的，更不用说不为妓女的献身所诱惑而满足其性欲的人，或不为一个小偷的贿赂所诱惑而匿藏其赃物的人，抑或不为任何类似之人所诱惑的人，他们也不是忘恩负义的。恰恰相反，这样的人展现出一个坚定不移的心灵，因为他不为任何馈送所诱惑，以至自己或公众受到损害。

命题七十二 自由之人决不行欺骗的事，且他总是真诚的。

证明 试设想：若一个人能通过背弃信仰来使自己摆脱规诫人类面临的死亡危险，他会采取怎样的行动呢？是否他会为自我维存所驱使而选择欺骗呢？可以由这一点回答：倘若理性规诫人们去行动，那么它将规诫所有人都以同一种方式行动，这就是说理性并不规诫人类真心实意地联结他们的力量，或拥有共同的法则，也就是说，并不拥有任何普遍的法则，这是不合理的。

命题七十三　一个为理性所引导的人，若他于一个国家中遵从普遍的法律去生活，将较他独自一人生活更为自由。

证明　一个为理性所引导的人，并不屈服于恐惧（据第四部分，命题六十三），但是，就他努力遵从理性的指导以维持自身的存在而言，也就是说（据第四部分，命题六十六，注释），就他努力自由地生活而言，他欲求遵从普遍的善去管理他的生活（据第四部分，命题三十七），因此（正如我们于第四部分，命题三十七，注释二所论述的那样），他将遵循他所在国家的法律去生活。为了享受更多的自由，自由之人欲求拥有公民的普遍权利。此证。

注释　这些以及其他类似的评论，都是我们对于人的真正自由所作出的，这些论述与力量有关，也就是说，与勇气与高贵的品格有关（据第三部分，命题五十九，注释）。我并不认为这里有必要一一证明所有的力量的特性，也并不需要阐释，具有精神力量的人强大到不憎恨他人，不迁怒他人，不嫉妒他人，不愤慨于他人，不鄙视他人，且最不傲慢。这些命题，以及一切与生活及宗教的真实方式有关的东西，都于第四部分，命题三十七及命题四十六轻易证得。这也就是说，憎恨将为喜爱制服，每个人都将为其他人欲求他自己所搜寻的善的东西。我们仍需重申一遍于第四部分命题一的注释及其他地方所论述的，即强大之人总是率先认为，万物都源于神圣本性的必然性，故而，凡他认为有害邪恶、不敬神明、恐怖可惧、不公不义且卑劣无耻的东西，他都以为是人自身对于世界的观察混乱失调，残缺破碎所致。因此，他奋力去参悟事物的真实样子，在追求真知的路上尽力排除万难，比如憎恨、愤怒、嫉妒、嘲讽、傲慢，以及其他相似的我之前已提过的情感。因此，正如我们所说，他将尽其所能努力去行善，且快乐地去过自己的人生，而人类德行究竟能够达到这一状况到何种程度，且其力量到底如何，我将于第五部分进行证明。

附 录

我在本部分对于生活的正当方式的论述并未有序排列，以至了然于目，而是零碎地提及，以便各个命题都能由前一命题推理得来。因此，我意图重新整合一下我的观点，并把它们总结如下。

（一）我们一切的努力或者欲求都产生于我们本性的必然性，所以它们既能通过我们的本性，以本性为近因来加以理解，也能基于我们是自然的一部分来加以理解。若是后者则需注意，不能脱离其他个体而单通过人自身得以确切理解。

（二）一切出于我们本性，且能单通过本性加以理解的欲求，它们与心灵有所关联，是就心灵被设想为由确切的观念组成而言。其他欲求与心灵有所关联，是就心灵不确切地设想事物而言，这些欲求的力量及增长都不为人类的力量所决定，却为外部事物的力量所决定。所以，前一种欲求更适合被称为主动，后一种则更适合被称为激情，因为前者总是展示我们的力量，相反，后者总是展示人类的弱点及残缺不全的知识。

（三）我们的主动行为，即那些为人的力量或理性所定义的欲求，总是善的，而其余的欲求则或善或恶。

（四）因此，生活中最有用的事莫过于尽我们所能使得理智或理性更加完满，而人的最高快乐与最高幸福也仅在于此。事实上，幸福不是别的，就是精神的满足，这种精神的满足来源于神的直觉知识。现在，使得理智完满也不是别的，就是理解神，理解神的属性，以及理解一切产生于神的本性的必然性的行为。因此，一个为理性所引导的人，凭借终极目标及最高欲求来控制他的其他欲求，也借其去确切地理解他自己以及在他理智之内的一切事物。

（五）因此，一旦脱离理智，便没有理性的生活，而就事物佐助人类享受其为理智所确定的精神生活而言，它们是善的。反之，一切阻挠人类完善其理性，且限制其享受理性生活的能力的事物，都能称之为邪恶。

（六）由于一切以人为动力因的事物都必然是善的，所以，只有通过外部原因，邪恶才能降临到人的身上。这也就是说，只有就人是整个自然的一部分，且人类本性不得不遵守自然的法则，以无限种方式顺应自然而言，邪恶才能降临到人的身上。

（七）要一个人不是自然的一部分，或要一个人不遵守自然的普遍秩序，这是不可能的，但是，倘若他置身于与他本性相协调的一群个体之间，他的行为力量将由此得以增强或助长。相反，倘若他置身于与他本性极不协调的一群个体之间，若不很大程度上改变他自己，他将很难融入他们之间。

（八）自然之中，一切我们认为邪恶的东西，或者能够损害我们的存在及享受理性生活的能力的东西，我们都会用看起来对我们最安全的方式去努力消除它们。换言之，一切我们视作对于维存自身存在及享受理性生活有用且善的东西，我们都会以自认为最好的方式去合理运用。无一例外的是，每个人都会凭借至高的自然权利，去做一切他认为能助长自身利益的事。

（九）除了同一种类的其他个体，没有别的事物能与一件事物的本性更加协调，因此（参见第七条），在维持自身存在及享受理性生活上，没有比其他为理性所引导的人对人类来说更有用的了。此外，正如我们所知的那样，个体之间是没有什么比一个为理性所引导的人更有价值的，而一个人最能体现其本领与性情的事，莫过于教导人类，使他们最终生活于理性的支配之下。

（十）就人类为嫉妒或任何形式的憎恨所影响而言，人们总是陷入彼此间的矛盾中，矛盾愈多，他们随之也愈恐惧，因为他们比自然中的其他个体更具有力量。

（十一）心灵并不为力量所征服，而是为喜爱和高尚所征服。

（十二）对人类来说，最有用的事便是把他们的生活方式联系在一起，以他们认为最适合的关系将彼此聚集成一个团体，且大家都一致去做那些能够巩固友谊的事情。

（十三）但达到这一目标需要技术和敏捷，因为人是形形色色的（可见能遵从理性的指导去生活的人还是少有的），却大都善于嫉妒别人，倾向于报复而不是怜悯他人。因此，若要照顾到每个人，且控制自己不去模仿代入他们的情感，是需要强大的精神力量的。但是，那些对人类寻弊索瑕之人，更热衷于咒骂罪恶劣行，而不是宣扬美德良行，还有那些宁愿破坏而不愿增强人类性情的人，不论对他们自己，还是对其他人，都是有害的。因此，由于脾气过于急躁，或者对宗教的热情不够理性，有些人更喜欢生活在野兽之间，而不是与人类生活在一起。这就有如一些年轻人，他们不能平静地忍受父母的斥责，一气之下选择从军，宁愿承受战争之苦和暴君之制，也不愿回归家庭的安慰，听从父亲的训诫。只要能使他们的父母痛苦不堪，他们愿意承受一切折磨与重担。

（十四）尽管人类的言行普遍由其欲望所操控，他们的共同联合带来的利益较弊端要更多，因此，最好还是耐心大方地容忍他们对我们的伤害，努力推行一切能维护和谐与友谊的事宜。

（十五）那些能引致和谐的东西，都属于公正、平等和值得尊敬的生活这类，因为人类既不能容忍不公不义之事，也不能容忍恬不知耻之事，亦不能容忍轻慢社会习俗的行为。但是，为了荣获喜爱，那些与宗教和虔诚有关的品质是尤为必要的（参见第四部分，命题三十七，注释一和注释二；及命题四十六，注释；及命题七十三，注释）。

（十六）此外，和谐常常是恐惧的结果，但是这种和谐是不安全的。再者，恐惧起源于精神上的软弱，并不属于理性的范畴，同情亦是如此，尽管后者看起来某种程度上与虔诚相似。

（十七）人也会为慷慨解囊所收买，尤其是那些没有资财购买生活必需品以维持生活的人。然而，帮助每一个贫困之人远远超过了私人的力量和利益，因为任何人的私有财产都不足以满足这样的要求。再者，一个人的性格资质非常有限，以至于他不能和所有人成为朋友。由此说来，供养穷人是一项应为整个国家去承担的职责，且仅与公共利益有关。

（十八）在接受恩泽与表达感谢时，我们必须采取一种特别的态度（参见第四部分，命题七十，注释及命题七十一，注释）。

（十九）再者，华而不实的爱，也就是因形体的美丽而生的性爱，以及一切不以心灵的自由为原因的爱，都将转变为憎恨，而且，更糟糕的是，还有一种疯狂的爱。这种爱会导致冲突，而不能引向和谐（参见第三部分，命题三十一，推论）。

（二十）关于婚姻，可以确定的是，是与理性相符合的，只是夫妻结合的欲求并不仅起于形体之美，也基于想要生养孩子且给予他们明智的教育。此外，夫妻间对于彼此的爱都不能仅由形体之美所引起，也要基于心灵的自由。

（二十一）此外，奉承也能引致和谐，但依赖的却是奴性或背叛的卑劣罪行。只有傲慢之人才会轻易为奉承所愚弄，他们总想成为第一，却无法做到。

（二十二）卑微表现出一种虚假的虔诚和宗教信仰。尽管卑微与骄傲相对立，然而最为贬低自己的人也与骄傲之人最为类似（据第四部分，命题五十七，注释）。

（二十三）羞耻也会引致和谐，但这仅是就这些羞耻之事不能被掩藏而言。此外，由于羞耻是一种痛苦，它并不涉及理性的范畴。

（二十四）其他之于人的痛苦情感直接与公正、平等、尊荣、虔诚和宗教有关，并且，尽管义愤看起来某种程度上与平等相似，然而只有在没有法律的生活中，每个人才能对他人的行为做出判断，用自己的办法维护自身或他人的权利。

（二十五）谦逊（modestia），若其为理性所决定的取悦他人的欲求，则可以归属于虔诚（正如我们在第四部分，命题三十七，注释一中所论述的）。但是，倘若它起源于情感，便是一种野心或欲求，人们通常借此通过虚假的虔诚表象挑起争端和暴动。因为，若一个人想要在言语或行动上给予同伴帮助，以致他们能一起享受至高之善，在做这些事之前，他将奋力用爱获取他们的认可，并非是为了获得赞赏，以他的名字命名某个学派，也不是为了让别人眼红嫉妒。此外，他在与人交谈时，会避免论及别人的错处。他小心翼翼，细心谨慎，很少说到人类的软弱之处，但他又总是详细地讨论人类德行或人类力量，以及如何使其变得完善的途径。因此，人类既不基于恐惧，也不基于厌恶，仅基于欢乐的情感去努力遵从理性而生活。

（二十六）自然之中，除了人类，我们并不知道还有什么其他个体能使我们从中获悦，或能与我们相互来往，建立友谊或其他类型的伙伴关系，因此，为了人类自身的利益着想，自然之中，除了人类以外的其他一切东西，并不需要我们对其加以保存，但也可以根据这些事物的不同功能加以保存或实施摧毁，使它们能最大化地为我们所用。

（二十七）我们从外部事物中获得的利益，除了根据我们观察它们及以不同的形式重新组合它们以获得的经验和知识以外，大部分便是身体的保存。就此看来，那些对我们来说最有用的东西能够供奉或滋养我们的身体，以致身体的各个部分都能正常施行其功能。因为，随着身体能凭以受到感触的方式越多，心灵也就越能思想（据第四部分，命题三十八及命题三十九）。但是，自然之中，这类事物仍在少数，因此，为了适当地滋养身体，我们必须借助于各种本性不同的食物。因为人类身体就是由许多本性相异的部分组成的，这些部分持续需要各种不同的营养成分，以致整个身体都能平衡地做那些出于其本性的一切事情，而心灵也能由此平等地知觉众多事物。

（二十八）倘若人类相互之间不施以援手，仅凭一个人的力量并不足以提供这些营养。但是，金钱为我们提供了一种适用于万物的货币，所以，大多数人的心灵主要都为金钱的概念所单独占据，因为倘若愉快没有伴随着以金钱为原因的观念，它几乎不能设想出任何种类的愉快。

（二十九）只有对那些并非由于贫穷或满足其必要需求，而是由于已经学会如何收敛钱财，且凭此功成身就的人来说，这一结果才是过错。他们确实根据自己的习惯去滋养身体，但又吝啬不充，认为若是在保养身体上花费过多，实是财产大为亏损。但是，那些知道如何正确使用金钱的人，还有那些仅根据真实需要去制定衡量财富的标准的人，只需要少量的金钱，就能生活得很满足。

（三十）因此，由于那些善的事物会协助身体各个部分，使它们能够实施其功能，也由于就人由心灵和身体组成而言，愉快在于增长或辅助人类的力量。由此可以推得，一切能带来愉快的东西都是善的，但是，还有一些事物并不以给予我们愉快为目的去活动，它们的行动力量并不旨在符合我们的利益，且愉快一般与身体的某一部分相关，甚于与身体的其他部分相关。因此，大多数产生于此的愉快情感（除非有理性与警觉掌控着），及由此而生的欲求，可能会变得过多。此外，我们要补充的是，情感引导我们最多关注当下的宜人之物，所以我们不能以同样鲜活的情感去评估未来之物（参见第四部分，命题四十四，注释及命题六十，注释）。

（三十一）迷信似乎把带来痛苦的东西称为善，把带来愉快的东西称为恶。然而，正如我们以上所说（据第四部分，命题四十五，注释），只有心怀嫉妒之人才会以别人的软弱与困难为乐。因为，我们凭以受到感触的愉快越多，我们转化到的完满也就越大，因此我们就越拥有神性。只要愉快是真正为我们的利益所规划筹谋的，它便不是邪恶的。但是反之，若一个人为恐惧所引导，行善只是为了避恶，他便不是受理性指导的。

（三十二）人类的力量是极其有限的，且为外部原因的力量所无限超越，因此，我们并不拥有使外部事物为我们所用的绝对力量。然而，若有些发生在我们身上的事情并不符合我们的利益，我们也该以平衡的心态去看待。只要我们明白，我们已经做到了职责所在，而我们拥有的力量并不足以使我们能够完备地保护自己，还要记着的是，我们是整个自然中的一部分，我们也要遵守自然的秩序。倘若我们对此有一个清晰明了的认识，那么我们本性中为理智所定义的一部分，也就是我们本性中较好的那部分，无疑将安然对待降临在我们身上的事情，并且要努力维存这样的安然。因为，就我们是有理智的存在而言，我们只会欲求那些有必然性的东西，也只会绝对安然于真实的东西，所以，就我们正确理解这些事物而言，我们本性中较好部分的努力是与整个自然的秩序协调一致的。

第五部分
论理智的力量与人的自由

序　言

最后，我要进入《伦理学》的剩余部分，这一部分涉及关于获得自由的途径。因此，在这部分里，我将讨论理性的力量，阐释理性究竟能控制情感到何种程度，以及什么才是心灵的自由或福祉。如此我们就能知道，明智之人比愚昧之人到底强大多少。关于理智应凭借什么途径得以完善，身体又依借什么方法得以滋养，以致各部分的功能能正常运行，两者都不在我意图要阐明的内容之中。因为后一个话题涉及医学领域，而前一个话题涉及逻辑学领域，故而，我再次重申，我将仅仅讨论心灵的力量或理性的力量，同时，就控制情感或调节情感而言，我将主要论述其对于情感的支配能达到何种程度，且这种支配又是何性质。因为之前已经证明过，对于情感，我们并没有绝对的支配权。然而，斯多葛学派业已提出，情感完全依赖于我们的意志，我们能够绝对地控制情感。这些哲学家们并非基于自己的主张，而是为经验所反对，故不得不承认，控制及调节情感都需要大量的练习与热忱，而不是一星半点的。有人曾用两只狗举例以悉力论证这一点（若我没有记错的话），这两条狗中一条是家犬，另一条是猎犬。经过长时间的训练后，可以使得家犬变得惯于捕猎，使得猎犬不再追赶野兔。对于斯多葛学派的这种意见，笛卡尔也大为认可。因为他主张，灵魂和心灵与大脑的某个特殊部分，即叫作松果腺的部分，关联在一起，借助于这一部分，心灵能够感觉一切于身体内及外部物体中进行的活动，且心灵仅借意志的力量就能使松果腺这部分处于各种不同的运动状态中。他认为，这一腺体悬浮于大脑的正中央，以致最轻微的动物本能的运动都可以使其有所活动。此外，随着动物本能对松果腺的作用不同，该腺体悬浮于大脑中央的状态也不同，并且，有多少不同的外部对象刺激动物本能作用于它，就有多少不同的标记印在这一腺体上。由此可以得出，倘若心灵的意志使松果腺悬浮在某个位置，而该腺体曾为动物本能所驱使而处于这一状态，那么这一腺体将反过来作用于这些本能精神，驱使且决定它们再次处于与以前受相似的腺体状态所推动时产生的状态。他进一步论述，心灵意志的每个行为在本性上都与松果腺的某个特定活动有所关联。例如，不论何时，当一个人试图去看远处的一个物体时，意志活动将使得瞳孔扩张，然而，倘若这个人只想着瞳孔的扩张，那么这一单纯的意愿并不能达到其结果，因为驱使动物本能做某种能扩张或控制瞳孔的视神经运动的腺体活动，于本性上并不与扩张或控制瞳孔的意愿相关联，却与去看那或远或近的物体的意愿有关。最后，他还主张，尽管松果腺的每个活动都似乎与我们生命初始以来的所有思想中的任何一个特定思想在本性上有所关联，然而它却能基于习惯另与其他一些思想联系起来。关于这一点，他曾在《心灵的情感》第一部分，第五十节中悉力加以证明。由此他得出结论，没有心灵会软弱到在合适的引导下都不能拥有绝对控制其情感的力量。他把情感定义为："心灵的知觉，感觉或紊乱，与心灵有特殊的关系，且通过某种精神活动得以（注意表达）产生，保存且加强。”（参见《心灵的情感》第一部分，第二十七节）但是，鉴于我们能把松果腺的活动，亦即把精神的活动与意志力相关联起来，且意志的决定完全取决于我们自身的力量，因此，若我们以指导我们行动所趋的坚定确有的决策来决定我们的意志，同时把我们所期望拥有的情感活动与这些决定联系起来，我们将拥有对于情感的绝对的控制力量。以上所述便是这位卓越杰出的哲学家的信条（就我根据他的叙述所总结的而言），而若不是这些话语精妙又细致，我几乎不能相信其竟出自这样的一个伟人之口。事实上，我真的惊讶不已，这位哲学家曾坚决声称，不依据自明的前提就不妄作任何结论，未有清晰明了的知觉就不作任何肯定，他也曾责难经院学派试图通过神秘的性质来解释那些晦涩费解的东西，但他主张的假说竟比神秘的性质更为离奇，神秘性质较之都变得普通起来。我想问，他究竟是怎么理解心灵与身体的相互联结的？对于与某一有形事物的粒子最密切联结的思想，他又有怎样的清晰明了的概念？我衷心地期望他能借助其近因来阐释这种联结。他关于心灵区别于身体的概念是如此的明晰，以至于不论是对身心的联结，还是对心灵自身，他都不能确定一个特殊原因，而是不得不借助于整个宇宙的原因，也就是借助于神。此外，我还想知道，心灵传递给这松果腺的运动究竟要到何种程度，又要凭借多大的力量才能使这腺体悬浮在大脑中央？因为我并不知道，这一腺体为心灵所激动相较于为动物本能所激动，是更缓慢些还是更快速些，也不知道，我们拥有的那些与坚定的决断所紧密联结的情感运动，是否能基于身体的原因而无法再次分离。若是不能分离，就可以推理得出，尽管心灵坚定地意图对抗某个危险，并且将这一决定与勇敢的运动相互联结，然而一见到这危险，松果腺就可能以某种方式悬浮起来，使得心灵只想到逃跑，不能再想到其他什么。事实上，由于意志与运动并没有什么共有的标准，所以心灵的力量与身体的力量也就无可对比，因此，不论哪一方的力量都不能为另一方的力量所决定。我们仍要补充的是，并没有发现什么腺体处在大脑的正中央，以致它能以各种不同的方式所轻易激动，也并不是所有的神经都延长至脑腔之中。最后，我略去了他对于意志及其自由的一切论点，因为我已经充分证明过，这些论点都是错误的。所以，正如我以上所论述的那样，由于心灵的力量仅为理智所定义，我们也仅能凭借心灵的知识来决定控制情感的措施，而我相信人们对这些措施都有过经验，只是没有准确或清楚地观察到它们罢了，同时我们也将基于心灵的知识推理出一切与心灵的福祉有关的结论。

公　理

（一）倘若两个相对立的行为在同一个物体上被激发起来，那么必然会有变化发生，要么是这两个行为都发生变化，要么是这两个行为中的一个发生变化，这种变化将持续到它们不再对立为止。

（二）结果的力量为其原因的力量所确定，因为结果的本质为其原因的本质所阐释或确定。

命　题

命题一　正如事物的思想和观念于心灵内是如何排列及关联的，身体的情态或事物的映象将以相同的方式于心灵内排列或有所关联。

证明　观念的顺序和关系是与事物的顺序和关系相一致的（据第二部分，命题七），反之亦然，事物的顺序和关系与观念的顺序和关系也是相一致的（据第二部分，命题六的推论及命题七）。因此，正如心灵内的观念的顺序和关联是遵循身体的情态的顺序和关联的（据

第二部分，命题十八），反之亦然（据第三部分，命题二），身体的情态的顺序和关联同样也是遵循心灵内的事物之思想和观念的顺序和关联的。此证。

命题二 倘若我们使某种精神或情感的紊乱与一个外部原因分离开来，并使其与别的思想联系起来，那么对于这个外部原因的喜爱或憎恨以及起源于这些情感的心灵的动荡都将随之消失。

证明 组成喜爱或憎恨的真实性的是愉快或痛苦，这种愉快或痛苦伴随着一个外部原因的观念（据情感的定义六和定义七），因此，当去除了这一外部原因，喜爱或憎恨的真实性也会随之消失，所以，这些情感以及由这些情感而生的情感也会随之消失。此证。

命题三 若一种情感是被动的，一旦我们形成了关于它的清晰明了的观念，那么这种情感便不再是被动的了。

证明 若一种情感是被动的，那么它就是一个混乱的观念（据情感的普遍定义）。倘若我们形成了关于一种情感的清晰明了的观念，那么就这一观念仅与心灵有关而言，它只能凭借理性与情感区别开来（据第二部分，命题二十一及其注释），因此（据第三部分，命题三），这一情感将不再是被动的。此证。

推论 由此可得，我们越是理解情感，就越能控制情感，而心灵也就越少处于被动状态。

命题四 关于身体的任何情态，我们都能形成某种清晰明了的概念。

证明 为一切事物所共有的性质仅能确切地设想而来（据第二部分，命题三十八），因此（据第二部分，命题十二及第二部分，命题十三后的引理二），关于身体的任何情态，我们都能形成某种清晰明了的概念。此证。

推论　由此可以推理得出，对于任何一种情感，我们都能形成某种清晰明了的概念。因为，一种情感就是身体的一种情态的观念（据情感的普遍定义），故而（据上一命题）必定包含某种清晰明了的概念。

注释　鉴于一切事物都有结果跟随（据第一部分，命题三十六），并且源于在我们之内的确切观念的一切东西，我们都能对其作清晰明了的理解（据第二部分，命题四十），由此可以推得，每个人都拥有清晰明了地理解他自己及其情感的力量，就算不能完全拥有，至少也能部分拥有，因此他就能少受情感的支配。所以，为了达到这一结果，我们必定尽可能努力地拥有关于每种情感的清晰明了的知识，以致心灵通过情感被决定去思考那些它能够清晰明了地知觉且完全认同的东西。因此，情感自身就能与一个外部原因的思想分离开来，并且能够与真实的思想相互关联，由此便能得出，不仅喜爱、憎恨等情感将受到摧毁（据第五部分，命题二），而且那些常起源于这种情感的欲望或欲求也不能变得过多（据第四部分，命题六十一）。必须指出的是，一个人借以被称为主动或被动的欲望是唯一且相同的。例如，我们已经论述过，人类本性便是如此构成的：每个人都欲求他的同伴，也就是欲求其他人以他的方式生活（据第三部分，命题三十一，注释）。若一个不为理性所指导的人拥有这种欲望，这种欲望便是被动的情感，叫作野心，且与傲慢并没有太大的不同。然而，若一个遵循理性的指导去生活的人拥有这种欲望，这种欲望便是一种叫作虔诚的主动情感或德行（据第四部分，命题三十七，注释一及其第二项证明）。同样的，一切欲望或欲求都只是被动的情感，这是就它们起源于不确切的观念而言，而且，若是欲望或欲求产生于确切的观念，便可将它们归类于德行。我们凭以被决定去做任何行为的一切欲求，以相同的数量产生于确切的观念及不确切的观念（据第四部分，命题五十九）。故而，在我们的力量之内，再没有比拥有关于这些情感的真实知识更有价值的应对措施了（回到开始的那个问题），因为，除了思想及形成确切观念的力量，心灵并不拥有其他的力量，正如我们以上所示的那样（据第三部分，命题三）。

命题五 若我们只单纯地想象一件事物，且既不设想它是必然的，也不设想它是偶然的，亦不设想它是可能的，那么在其他条件同等的情况下，我们对于这件事物的情感必定要比其他情感更为强烈。

证明 对于一件我们设想为自由的事物的情感，要比对于一件我们设想为必然的事物的情感更为强烈（据第三部分，命题四十九），因此也就比对于一件我们设想为可能或偶然的事物的情感更为强烈（据第四部分，命题十一）。但是，设想一件事物是自由的，不是别的，也就是单纯地想象这件事物，然而我们却并不知道其凭以被决定去行为的原因（据第二部分，命题三十五，注释），因此，对于一件我们单纯想象的事物的情感，在其他条件同等的情况下，要比对于必然的、可能的或偶然的事物情感更加强烈，故而它是一切情感中最强烈的情感。此证。

命题六 就心灵理解一切事物为必然的而言，心灵拥有控制情感的力量越大，它就越少受情感的支配。

证明 心灵理解一切事物是必然的（据第一部分，命题二十九），且为无限多的原因所决定而存在和运行，因此（据上述命题），心灵就少受源于这些事物的情感的支配，并且（据第三部分，命题四十八）对于这些事物感觉到更少的情感。此证。

注释 这种关于事物是必然的知识，越多应用到我们越清晰生动地设想的特定事物上，心灵控制情感的力量也就越大，正如经验所表明的那样。因为我们知道，若一个人失去了某些善的东西，且他意识到失去的这些东西无法以任何方式受到保存时，这种起源于任何善的损失的痛苦将得以缓和。所以，我们知道，没有人会怜悯一个婴儿，因为婴儿不能说话，行走，或拥有理性，或者因为婴儿于无意识状态中生活了多年。因此，倘若大多数人生来就是发育完全的，只有一两个才是婴儿，那么人人都会怜悯婴儿，因为，婴儿是不能被视为一种自然及必然的状态的，而是一种本性中的缺陷或过失。我们也同样能阐明一些其他的相同的例子。

命题七　倘若我们把时间算在内，产生于或起源于理性的情感，将比那些归属于我们认为缺失的特定物体的情感更为强大。

证明　我们认为一件事物于当前是缺失的，并非基于我们凭以设想它的情感，而是基于身体受到另一种摈斥上述事物存在的情感的感触（据第二部分，命题十七）。因此，与我们认为不在当前的事物有关的情感，其本性并不能克制人的其他的活动和力量（据第四部分，命题六），反之，却能多少为摈除其外部原因的存在的情感所控制（据第四部分，命题九）。但是，一种起源于理性的情感是必然与事物的共同特性有关的（参见第二部分，命题四十，注释二中理性的定义），且我们总认为这些事物的共同特性就在当前（因为没有东西能摈除它们的现实存在），还总以同样的方式设想它们（据第二部分，命题三十八）。因此，这类情感总是保持一致的，所以（据第五部分，公理一）与之对立的且不为其外部原因所维持的情感，不得不使自身越来越适应这些基于理性的情感，直至不再与它们对立。从这方面看，起源于理性的情感是更加强大的。此证。

命题八　随着一种情感凭以生成的同时存在的原因越多，这种情感就越强大。

证明 许多同时共有的原因比少许的原因要更强大（据第三部分，命题七）：因此（据第四部分，命题五），随着一种情感凭以生成的同时存在的原因越多，这种情感就越强大。此证。

注释 根据第五部分，公理二，这一命题也是很清楚的。

命题九 若一种情感与许多不同的原因相互关联，且心灵考察这种情感的同时也考察着这些原因，那么这种情感比起另一种同等强大且与很少的或一个原因相关联的情感，将具有更小的伤害性，而我们也更少受其控制，更少为其原因所感触。

证明 仅就一种情感阻挠心灵去思考而言，它才是恶的或具有伤害性的（据第四部分，命题二十六，命题二十七），因此，一种心灵凭以被决定去同时沉思许多事物的情感，比起另一种同等强大，且独占着心灵，使其只能沉思很少的或一个对象，而不能再思考别的东西的情感，它将具有更小的伤害性。这是我们要论证的第一个观点。再者，鉴于心灵的本质，也就是心灵的力量（据第三部分，命题七）仅仅在于思想（据第二部分，命题十一），故而之于一种能使其同时思考许多事物的情感，比起另一种同等强大，且独占使它只能沉思很少的或一个对象的情感，心灵具有更小的被动性。这是我们要证明的第二个观点。最后，就这种情感（据第三部分，命题四十八）与许多原因相互关联而言，当涉及每一个原因时，这种情感便有所减弱。此证。

命题十 只要我们不为与我们的本性对立的情感所袭扰，我们就拥有遵循理智的秩序排列及关联身体的情态的力量。

证明 与我们的本性对立的情感，也就是（据第四部分，命题三十）恶的情感，其为恶是就它们阻挠心灵去理解东西而言（据第四部分，命题二十七）。只要我们不为与我们本性对立的情感所袭扰，其凭以努力理解事物的心灵力量（据第四部分，命题二十六）便不会受到阻挠，故而心灵就能够形成清晰明了的观念，并且这些观念彼此间能互相推理得出（据第二部分，命题四十，注释二及第二部分，命题四十七，注释）。因此，在这样的情形下，我们就拥有遵循理智的秩序排列及关联身体的情态的力量。此证。

注释 凭借这种正当排列且关联身体情态的力量，我们能防止自己轻易受邪恶情感所感触。因为（据第五部分，命题七），当情感遵循理智的秩序排列或关联时，控制情感所需要的力量要比情感是不确定及不稳定时所需要的力量更多。因此，只要我们还并不拥有关于情感的完满的知识，我们所能做得最好的事就是拟定一套正当生活的体系，或固定实用的规则，牢牢记住它，将它直接应用于我们生活中遇见的特定情形，以至于我们的想象能完全受其浸染，它们总是能够触手可及。例如，我们已于生活的信条中指出（据第四部分，命题四十六及注释），憎恨应为爱或高尚所征服，而不是也用憎恨去报复。现在，鉴于这一理性的戒律总是在我们需要时出现，我们应该常常反思为人所普遍犯下的错误，且这些错误又以何种方式最为高尚所摈斥。故而我们将把错误的观念与规则的观念联系起来，以便当我们犯了错时，总能运用这一规则（据第二部分，命题十八）。倘若我们也能考虑到真实利益，以及产生于彼此间的友谊和共同关系的善的东西，此外，倘若我们还记得，心灵的完全认同就是正当的生活方式的结果（据第四部分，命题五十二），并且人类与其他事物一样，依据他们的本性中的必然性而行动，这样的情形下，我会说，常起源于其中的错误或憎恨将占据我们的想象的很小的一部分，且很容易被克服，或者说，倘若起源于一个痛苦的错误的愤怒不能轻易被克服，然而还是会被克服，尽管无法避免一个精神上的冲突，只是要比我们之前未曾思考过的那些学说花费的时间更长罢了。正如第五部分，命题六，命题七及命题八中所述那样，这着实是很清楚的。以同样的方式，我们应该把勇气当作一种克服恐惧的方式。我们应经常想起或想象生活中常见的危险，以及我们能凭以通过机敏和心灵的力量去避免或克服它们。但我们必须注意，在排列我们的思想和概念时，我们应该总是考虑到每件个体事物中善的东西（据第四部分，命题六十三，推论及第三部分，命题五十九），以期我们总能被决定根据一种愉快的情感去行动。例如，倘若一个人看见他对追求荣誉过于热情，且让他思考荣誉的正当用法，他追求荣誉的目的，以及他凭以得到荣誉的办法，让他不要去想荣誉的滥用与空虚，人类的浮躁易变，以及类似许多人类只能通过病态的情状才会想到的那些东西，一旦拥有了这样的想法，当那些最有野心的人对自己追求的荣誉感到失望时，他们也最受折磨，借这些想法发泄愤怒，以表现得聪明机智。因此，可以确定的是，那些大声抱怨着对抗滥用荣誉及世间浮华的人，实最为贪婪地垂涎这些东西。这些东西并非是有野心的人所特有的，而是为那些受到命运的不公平对待，且精神薄弱的人所共有的。因为，一个吝啬的穷人也会不停地谈论财富的滥用及富人的恶习，借此他仅仅是折磨自己，且向众人展示了。他是局促狭隘的，他不仅无法接受自己的贫穷，也无法包容别人的富有。所以，那些不被他们所爱的女人接受的人，除了女人的反复无常、背信弃义及其他普通的缺点，其他的什么也想不到，而一旦心上人再对他们表示好感，他们又将这些通通抛诸脑后。因此，一个仅凭对自由的爱而控制情感和欲望的人，将尽他所能去获得关于德行及其原因的知识，且以起源于这种真知识的欢乐来充实自己的精神。他决不会想要揪住别人的错误不放，或是对同伴挑刺，抑或沉醉在自由的假象中。一切能深刻洞见且践行这些理念的人（实则不难），都将在短期内极大程度上遵循理性的法令去指导其行为。

命题十一　随着一个心灵的映象关联到的对象越多，它就越频繁发生，或者越发生动鲜明，并且越多占据心灵。

证明　随着一个心灵的映象或一种情感关联到的对象越多，其得以生成或培养的原因也就越多，且心灵同时以某种特定的情感沉思这一切原因（据假说），因此，这种情感就越频繁发生，越是经常充满活力，并且（据第五部分，命题八）越多占据心灵。此证。

命题十二　事物的心灵映象与我们清晰明了地理解的东西的映象有所关联，比起与其他东西有所关联，要更为容易。

证明　我们所清晰明了地理解的东西，要么是事物的共有特性，要么是从事物的共有特性中推理得出的东西（参见第二部分，命题四十，注释二，理性的定义），因此（据上一命题）常常能从我们内心中生发。因此，我们沉思与我们清晰明了地理解的东西有关的那些，要比沉思与其他东西有关的那些更为容易，所以（据第二部分，命题十八）上述事物的映象与我们清晰明了地理解的东西有所关联，比起与其他东西有所关联，要更为容易。此证。

命题十三　随着一个心灵的映象与更多数量的其他映象有所关联，这个心灵映象就更加生动鲜明。

证明　随着一个映象与更多数量的其他映象有所关联，这个心灵映象凭以生成的原因也就更多（据第二部分，命题十八）。此证。

命题十四　心灵能使得一切身体的情态或事物的映象都与神的观念有所关联。

证明　关于任何的身体的情态，心灵都能形成某种清晰明了的概念（据第五部分，命题四），因此，心灵能使一切身体的情态或事物的映象都与神的观念有所关联（据第一部分，命题十五）。此证。

命题十五　一个清晰明了地理解自己及其情感的人是喜爱神的，随着他理解自己及其情感越多，他就越喜爱神。

证明　一个清晰明了地理解自己及其情感的人是感觉愉快的（据第三部分，命题五十三），并且这种愉快是（据上一命题）伴随着神的观念的。因此（据情感的定义六），这样的一个人是喜爱神的，并且（出于同样的理由）随着他理解自己及其情感越多，他就越喜爱神。此证。

命题十六　这种对于神的喜爱必定于心灵中占据主要位置。

证明　因为这种喜爱与一切身体的情态有所关联（据第五部分，命题十四），并且基于这一切情态培养而成（据第五部分，命题十五），因此（据第五部分，命题十一），这种喜爱必定于心灵中占据主卫。此证。

命题十七　神是没有被动的情感的，他既不为愉快的情感所感触，也不为痛苦的情感所感触。

证明　就一切观念与神有关而言，它们都是真实的（据第二部分，命题三十二），也就是说（据第二部分，定义四），它们是确切的，所以（据情感的普遍定义）神是没有被动的情感的。再者，神既不能转化为一个更大的完满，也不能转化为一个更小的完满（据第一部分，命题二十，推论二），因此（据情感的定义二及定义三），神既不为愉快的情感所感触，也不为痛苦的情感所感触。

推论　严格说来，神并不喜爱或憎恨任何人。因为（据上述命题），神并不为任何愉快或痛苦的情感所感触，因此（据情感的定义六及定义七），神并不喜爱或憎恨任何人。

命题十八　没有人能憎恨神。

证明　在我们之内的神的观念是确切且完满的（据第二部分，命题四十六，命题四十七）。就我们沉思神而言，我们是主动的（据第三部分，命题三），因此（据第三部分，命题五十九），没有一种痛苦是伴随着神的观念的，换言之（据情感的定义七），没有人能憎恨神。此证。

推论　对于神的喜爱不能转变为憎恨。

注释　也许会有人反对说，我们把神理解为一切事物的原因，鉴于此点，我们才认为神是痛苦的原因。但我要这样回复，就我们理解痛苦的原因而言，既然我们理解了它（据第五部分，命题三），痛苦便不再是被动的情感，也就是说，痛苦便不再是痛苦了（据第三部分，命题五十九），因此，就我们理解神为痛苦的原因而言，鉴于此点，我们是感觉愉快的。

命题十九　一个喜爱神的人并不能努力使神反过来喜爱他。

证明　因为，倘若一个人努力使神反过来喜爱他，他就是在欲求他所喜爱的神不成其为神，因此他就是欲求感觉痛苦（据第三部分，命题十九），而这是不合理的（据第三部分，命题二十八）。因此，一个喜爱神的人并不能努力使神反过来喜爱他。此证。

命题二十　这种对于神的喜爱并不能为嫉妒或嫉恨的情感所玷污，反之，随着我们设想的出于同样的喜爱之纽带而与神有所关联的人数量越多，这种对神的喜爱就越为助长。

证明　这种对于神的喜爱便是我们遵循理性的指导而搜寻的至高之善（据第四部分，命题二十八），其对于所有人来说都是共同的（据第四部分，命题三十六），且我们也希望所有人都能从这种情感中获取愉悦（据第四部分，命题三十七），因此（据情感的定义二十三），这种喜爱不能为嫉妒或嫉恨的情感所玷污（据第五部分，命题十八，及第三部分命题三十五的注释中嫉恨的定义）。反之，随着我们设想的从中获取愉悦的人数量越多，这种对神的喜爱就越为助长。此证。

注释 我们能以同样的方式论述，没有任何情感直接与这种喜爱相对立，且使得这种喜爱遭受毁灭。由此我们能总结得出，在所有的情感之中，这种对于神的喜爱是最为稳定不变的，并且，就这种喜爱与身体有关而言，除非身体遭受了摧毁，否则该喜爱并不能受到毁灭。至于这种喜爱的本性，就其仅与心灵有关而言，我们将于下文进行探讨。

我之前已经讨论过一切能克制情感的措施，或仅就心灵自身考虑而言，它能够克制情感的力量。由此可以看出，心灵控制情感的力量就在于：

1. 关于情感的真实知识（据第五部分，命题四，注释）。

2. 心灵将情感与我们混乱设想着的外部原因的思想分离开来（据第五部分，命题二及第五部分，命题四，注释）。

3. 与我们所清晰理解的事物有关的情感，在时间上超过了与那些我们以一种混乱残缺的方式所设想的事物的情感（据第五部分，命题七）。

4. 那些情态凭以受到培养的众多原因，通过这些原因，情态又能与事物或神的特性相互关联（据第五部分，命题九及命题十一）。

5. 最后，心灵能按照顺序一个一个地排列且关联其情感（据第五部分，命题十，注释及命题十二，命题十三，命题十四）。

但是，为了更好地理解这种控制情感的心灵力量，尤要指明的是，我们称一种情感是强大的，是当我们比较一个人的情感与另一个人的情感，发现一个人要比另一个人更受同一种情感所感触，或者是当我们将同一个人的种种情感彼此间进行比较，发现他比起其他情感来更易受一种情感所感触。每种情感的力量都是为我们自身的力量与外部原因的力量的比较所决定的。现在，心灵的力量仅为知识所决定，且心灵的弱点或被动仅为知识的缺陷所决定，因此就能推得，若心灵的大部分为不确切的观念所组成，那么它便是最被动的，所以，相较于主动状态，它更具有被动状态的特征。换言之，若心灵的大部分为确切的观念所组成，它就是最主动的，所以，尽管它拥有与前一个心灵同样多的不确切的观念，它仍旧更易具有属于人类德行的观念的特征，甚于具有属于人类弱点的观念的特征。再者，必须指明的是，精神上的不健康与不幸能普遍追溯到对某些变化诸多的东西的过度的爱，而这些东西是我们从来都不能掌控的，因为没有人会热切期望或渴望某件事物，除非他爱着这件事物。更不必说错误、怀疑，憎恨等，都起源于对那些没有人能真正掌控的事物的爱。

因此我们很容易就能认识到清晰明了的知识，尤其是基于神的真实知识的第三种知识（据第二部分，命题六十七，注释）所拥有的控制情感的力量。就这些情感是被动的而言（据第五部分，命题三及命题四的注释），虽然这种知识不能完全地摧毁它们，不管怎样也会使得它们占据心灵的很小的一部分（据第五部分，命题十四）。此外，这种知识还招致对于一件永恒不变的（据第五部分，命题十五），以及我们真正拥有的事物的爱（据第二部分，命题四十五）。这种爱是不能为普通之爱中生就的那些错误所玷污的，却能发展得越来越大，占据心灵中越来越多的部分，且深深地渗入心灵。

到了这里，我业已完成所有关于现世生活的内容。因为，正如我在这一注释的开头所论述的那样，我已经简要概括了一切控制情感的措施。关于这一点，只要注意到本注释中所阐述的内容，以及心灵及其情感的定义，还有第三部分的命题一及命题三，人人都轻易明白。因此，现在就该谈到那些属于心灵的时长的东西了（这里的心灵并不与身体有关）。

命题二十一 只有当身体存在时，心灵才能想象某些东西，或者回想过去的事物。

证明 只有当身体存在时，心灵才表示身体的现实存在，也才能把身体的情态想象为现实的（据第二部分，命题八，推论），因此（据第二部分，命题二十六），除非其身体存在，否则心灵是不会把身体想象为现实存在着的。所以，只有当身体存在时（参见第二部分，命题十八，注释中记忆的定义），心灵才能想象某些东西，或者回想过去的事物（参见第二部分，命题十七，注释中想象的定义）。此证。

命题二十二 然而，在神之内必然有一个观念，于永恒的形式下表达这个人类身体或那个人类身体的本质。

证明 神不仅是这个或那个人类身体的存在的原因，也是这个或那个人类身体的本质的原因（据第一部分，命题二十五）。因此，这一本质必定通过神的本质设想而来（据第一部分，公理四），故而也借助于某种永恒的必然性设想而来（据第一部分，命题十六），并且这一概念必定存在于神之内（据第二部分，命题三）。此证。

命题二十三 人类心灵不能完全随身体的毁灭而毁灭，心灵中某些永恒的东西仍旧保留着。

证明 于神之内必然有一个概念或观念，表达了人类身体的本质（据上一命题），因此这个概念或观念必然属于人类心灵的本质（据第二部分，命题十三）。但是，我们并不将任何为时间所限制的时长赋予人类心灵，除非当心灵表示身体的现实存在，而身体是通过时长来理解的，且能为时间所规划限定——也就是说（据第二部分，命题八，推论），只有当身体存在时，我们才能将时长赋予心灵。然而，心灵中有某些东西是通过神的本质凭借某种永恒的必然性设想而来的（据上一命题）。这些属于心灵的本质东西，将必然是永恒的。此证。

这一观念阐释了永恒形式下身体的本质，一如我们已经说过的，该观念是思想的一种特定的模式，而此模式属于心灵的本质，也必然是永恒的。然而，我们不可能回忆起我们的心灵在身体存在之前便已存在，因为我们的身体内并无此种存在的迹象，再者永恒既无法以时间的维度来界定，也与时间毫无关联。尽管如此，我们还是感知或认知到我们是永恒的。因为心灵通过知性去感知它所设想的一切事物，一如它通过知性去感知它所回忆起的一切事物。而心灵的双眸不是别的，正是验证，借此心灵便能够看见事物和观察事物。因此，尽管我们无法回忆起我们的心灵在身体存在之前便已存在，我们仍能感知到，只要我们的心灵在永恒的形式之下包含身体的本质，那么心灵便是永恒的，而且心灵的存在不能以时间的维度来界定，也不能通过时长来阐释。因此，仅就心灵包含身体的实际存在而言，才能称心灵为存在着，其存在也才能以一定的时期来界定。只有这样，心灵才拥有了以时间决定事物存在的力量，且在时长的范畴下设想事物的存在。

命题二十四 我们理解的特定事物越多，我们就越理解神。

证明 根据第一部分，命题二十五，推论，这一命题是很清楚的。

命题二十五 心灵的至高努力及至高德行就是凭借第三种知识去理解事物。

证明 第三种知识是从某些神的属性的确切观念推理得到的关于事物本质的确切知识（参见第二部分，命题四十，注释二中关于第三种知识的定义），并且，随着我们以这种方式理解的事物越多，我们就越理解神（据上一命题），因此（据第四部分，命题二十八），心灵的至高德行，也就是（据第四部分，定义八）心灵的力量，或心灵的本性，抑或（据第三部分，命题七）心灵的至高努力，就是凭借第三种知识理解事物。此证。

命题二十六 随着心灵越能凭借第三种知识理解事物，它就越欲求凭借这种知识去理解事物。

证明 这是很清楚的。就我们设想心灵能够凭借这种知识设想事物而言，我们便能设想心灵是被决定而去设想事物的，因此（据情感的定义一），随着心灵越能凭借第三种知识理解事物，它就越欲求凭借这种知识去理解事物。此证。

命题二十七 基于这第三种知识，可以产生心灵的最高认同。

证明 心灵的最高德行就是知神（据第四部分，命题二十八），或是凭借第三种知识去理解事物（据第五部分，命题二十五），且随着心灵越能凭借第三种知识去理解事物（据第五部分，命题二十四），这种德行也就越大。因此，一个凭借第三种知识去理解事物的人将进化到人类的最高完满，因此（据情感的定义二）便受最高愉快所感触，这种愉快伴随着他自己及其德行的观念。因此（据情感的定义二十五），基于这第三种知识，可以产生心灵的最高认同。此证。

命题二十八 凭借第三种知识去理解事物的努力或欲求并不能产生于第一种知识，却能产生于第二种知识。

证明 这一命题是不证自明的。因为，一切我们能清晰明了地理解的事物，我们要么通过事物自身，要么通过别的凭借该事物设想而来的东西来理解这些事物，也就是说，于我们之内的清晰明了的观念，或者与第三种知识相互关联的观念（据第二部分，命题四十，注释二），不能产生于残缺且混乱的观念，并且与第一种知识有所关联，但必定来源于确切的观念，或第二种知识及第三种知识的观念。因此

(据情感的定义一)，凭借第三种知识理解事物的欲求并不能产生于第一种知识，却能产生于第二种知识。此证。

命题二十九　一切心灵于永恒的形式之下理解的事物，心灵并非是凭借设想身体的当前的现实存在去理解它们的，而是凭借于永恒的形式之下设想身体的本质去理解它们的。

证明　就心灵设想身体的当前存在而言，它就此才能设想为时间所决定的时长，也仅就此拥有设想与时间有关的事物的力量（据第五部分，命题二十一，及第二部分，命题二十六)，但是永恒不能从时长的方面加以解释（据第一部分，定义八及说明)。心灵并不因此就拥有于永恒的形式之下设想事物的力量，而心灵之所以拥有这种力量，是因为理性的本性便是于永恒的形式之下设想事物(据第二部分，命题四十四，推论二)，也因为心灵的本性便是于永恒的形式之下设想身体的本质（据第五部分，命题二十三)，而除了这两者以外，没有其他的属于心灵的本质的东西了（据第二部分，命题十三)。因此，只有当心灵于永恒的形式之下设想身体的本质时，这种于永恒的形式之下设想事物的力量才属于心灵。此证。

注释　事物以两种方式为我们所设想为现实的，要么就其存在与某个特定的时间和地点有关而言，要么就其包含在神之内且产生于神圣本性的必然性而言。一切我们以第二种方式设想为真实或是实在的事物，我们都是于永恒的形式之下设想它们的，并且这些事物的观念包含着神之永恒无限的本质，正如我们于第二部分，命题四十五及注释中所阐述的，请读者参见。

命题三十　就我们的心灵于永恒的形式之下理解自身及身体而言，它必然拥有关于神的知识，并且知道这种知识在神之内，通过神设想而来。

证明 永恒性就是神的本质，这是就该本质拥有必然的存在而言（据第一部分，定义八）。因此，于永恒的形式之下设想事物，是就事物通过神之本质被认作真实的实体而言，也就它们通过神之本质拥有存在而言去设想它们。就我们的心灵于永恒的形式之下设想自身及身体而言，它必然拥有关于神的知识，并且知道这种知识在神之内，通过神设想而来。此证。

命题三十一 第三种知识依赖心灵为其形式因，这是就心灵自身是永恒的而言。

证明 心灵并不于永恒的形式下设想事物，除非就其于永恒的形式下设想其身体（据第五部分，命题二十九），也就是说，除非就心灵是永恒的而言（据第五部分，命题二十一，命题二十三）。因此（据上一命题），就心灵是永恒的而言，它拥有神的知识，这种知识必然是确切的（据第二部分，命题四十六）。由此，就心灵是永恒的而言，它能够理解产生于这种神的知识的一切东西（据第二部分，命题四十），换言之，能够凭借第三种知识理解事物（参见第二部分，命题四十，注释二中的定义），且就心灵是永恒的而言，它就是这种知识的确切原因或形式原因。此证。

注释 因此，随着一个人拥有这种知识越多，他就越能完全意识到自己及意识到神，换言之，他将更加完满，更加幸福。这一点将于下文进行更清楚的论述。但我们必定要在这儿指出，尽管我们已经确定，就其于永恒的形式之下设想事物而言，心灵是永恒的，然而，为了使我们要论证的内容更易阐释或更好理解，我们将思考心灵就好像它开始存在那样，且于永恒的形式下理解事物，就像我们以前做过的那样。这样做时，只要我们严谨细心，不基于清楚明显的前提，就不进行任何总结，我们也不会招致任何错误的危险。

命题三十二　一切我们凭借第三种知识来理解的东西，我们都能从中获取愉悦，这种愉悦伴随着神的观念，且以神的观念为原因。

证明　基于这第三种知识，可以产生心灵的最高认同，也就是（据情感的定义二十五）愉快，这种认同伴随着心灵自身的观念（据第五部分，命题二十七），因此也就伴随着神的观念，且以神的观念作为原因。此证。

推论　基于这第三种知识，必然可以产生对神的理智之爱。基于这第三种知识，产生了伴随着作为原因的神的观念的愉快，也就是（据情感的定义六）对神的爱。这并非就我们设想神在当前而言（据第五部分，命题二十九），而是就我们理解神是永恒的而言。这便是我称之为对神的理智之爱的东西。

命题三十三　产生于第三种知识的对神的理智之爱，是永恒的。

证明　这第三种知识是永恒的（据第五部分，命题三十一及第一部分，公理三），因此（据同一公理）产生于这第三种知识的爱也必然是永恒的。此证。

注释　尽管这种对于神的爱没有起源（据上一命题），却拥有一切爱的完满性，故而也就像是有所起源，正如在上一命题的推论中我们所假设的那样。它们之间的区别仅仅在于心灵拥有那些永恒的完满性，也就是我们之前归给它的那些，而这些完满性伴随着以神为外部原因的观念。倘若愉快在于向一个更大的完满的转化，那么福祉必然在于心灵天生便具有完满性。

命题三十四　只有当身体存在时，心灵才受那些被动的情感的控制。

证明　想象是心灵凭以沉思一件事物如在当前的观念（据第二部分，命题十七，注释），然而这一观念多表示的是人类身体的现实性情，而不是外部事物的本性（据第二部分，命题十六，推论二）。情感（据情感的普遍定义）就是一种想象，这是就其表示身体的当前情态而言，因此（据第五部分，命题二十一），仅有当身体存在时，心灵才受制于被动的情感。此证。

推论 由此可以推得，只有理智之爱是永恒的，除此之外再没有其他永恒的爱。

注释 倘若我们思考一下人们的共同观点，我们将发现，他们确实意识到了自身心灵的永恒性，不过也将永恒与时长混淆了起来，并把它归于一种他们认为死后还可以留存的想象或记忆。

命题三十五 神是以一种无限的理智之爱去爱他自己的。

证明 神是绝对无限的（据第一部分，定义六），也就是说（据第二部分，定义六），神的本性能从无限的完满中获取愉悦，并且这种愉悦（据第二部分，命题三）是伴随着他自身的观念的，也就是说（据第一部分，命题十一及定义一），伴随着以他自身为原因的观念。这就是我们已经（据第五部分，命题三十二，推论）概括为理智之爱的东西。

命题三十六 心灵对于神的理智之爱就是神凭以爱他自己的爱，这并非是就他是无限的而言，而是就他能通过于永恒的形式之下受到考察的人类心灵的本质得以解释而言。

证明 这种心灵的爱必定与心灵的活动有关（据第五部分，命题三十二，推论及第三部分，命题三）。事实上，它就是心灵凭以考察自身的一种主动，伴随着神的观念作为其原因（据第五部分，命题三十二及推论），也就是说（据第一部分，命题二十五，推论及第二部分，命题十一，推论），神凭以考察他自身的一种主动，这种主动伴随着他自身的观念，这是就他能通过人类心灵加以解释而言。因此

（据上一命题），这种心灵的爱就是神凭以爱他自己的永恒之爱的一部分。此证。

推论　由此可以得出，就神爱他自己而言，神爱人类，因此，神对于人类的爱，以及心灵对于神的理智之爱是完全相同的。

注释　根据之前论述过的，我们清楚地理解了，我们的救赎、福祉，或自由在何处了，就在于对神的稳定且永恒的爱，也在于神对人类的爱。《圣经》中，这种爱或福祉被称为荣耀，并且它是理所当然的。因为，不论这种爱是与神有关，还是与心灵有关，它都能被正当地称为精神的认同。这种认同（据情感的定义二十五及定义三十）并不真的与荣耀相互区别。就其与神有关而言，爱是一种愉快（据第五部分，命题三十五）——若我们还能用“愉快”这个词——且伴随着这种愉快的观念。就其与神有关而言，爱也是一种伴随着自身的观念的愉快（据第五部分，命题二十七）。

再者，由于心灵的本质仅在于知识，这种知识的起源与基础都是神（据第一部分，命题十五及第二部分，命题四十七），所以我们就能清楚，我们心灵的本质及存在以何种方式产生于神圣的本性，且依赖于神。这里请大家注意这一点，以致能借这个例子阐明，特定事物的知识，即我称为直觉的或第三种知识（据第二部分，命题四十，注释二），是强而有力的，且比普世知识，也就是我称为第二种知识要更为强大。因为，尽管在第一部分中我曾概括，一切事物的本质与存在都依赖于神，那一证明合乎理性且无可置疑，并不很多地感触我们的心灵，一如同样的结论起源于某种依赖神的特定事物的真实本质。

命题三十七　自然之中，没有与这种理智之爱对立的东西，也没有能灭除它的东西。

证明　这种理智之爱必然产生于心灵的本性，这是就心灵通过作为永恒真理的神之本性受到考察而言（据第五部分，命题三十三及命题二十九）。因此，倘若有什么东西与这种爱对立，也将与那些真实的东西相对立，能够灭除这种爱的东西，也将使得那些真实的东西变成假的，而这明显是不合理的。因此，自然之中，没有与这种理智之爱对立的东西，也没有能灭除它的东西。此证。

注释 第四部分的公理指的是特定事物，这是就它们在既定的时间和地点受到考察而言：对于这一点，我认为无人可以置疑。

命题三十八 随着心灵凭借第二种或第三种知识理解的东西越多，它就越少受制于那些邪恶的情感，且越少恐惧死亡。

证明 心灵的本质就是知识（据第二部分，命题十一），因此，心灵凭借第二或第三种知识理解的事物越多，它的持续存在的部分也就越大（据第五部分，命题二十九及二十三），不为对立与本性的情感所感触的部分也就越大，或换言之（据第四部分，命题三十），不为邪恶的情感所感触的部分也就越大。因此，随着心灵凭借第二或第三种知识理解的东西越多，它具有的能保持不受伤害的部分也就越多，因此，它就越少受制于那些邪恶的情感，且越少恐惧死亡。此证。

注释 由此我们就能理解第四部分，命题三十九，注释中所提及且我承诺在本部分进行解释的内容，也就是说，随着心灵拥有的清晰明了的知识越多，亦即心灵越爱神，死亡就所具有的伤害就越来越少。再者，鉴于根据第三种知识，可以产生心灵的最高认同（据第五部分，命题二十七），可以推理得出，人类心灵能够拥有那种随着身体的灭亡而消逝的部分（据第五部分，命题二十一）。这一部分与持续存在的那部分对比起来，着实不是很重要，但我将更详细地讨论这一话题。

命题三十九 若一个人拥有能够容纳多数活动的身体，他所拥有的心灵的大部分也是永恒的。

证明 若一个人拥有能够容纳最多数量的活动的身体，他将最少为邪恶的情感所感触（据第四部分，命题三十八）——也就是说，越少与我们的本性对立的情感所感触，因此（据第五部分，命题十），他拥有遵循理智的秩序去排列或关联身体情态的力量，并且就此使得一切身体的情态都与神的观念有关，由此便可以得到（据第五部分，命题十五），他将受对神的爱所感触，且这种爱必定占据或构成了心灵的主要部分（据第五部分，命题十六）。因而（据第五部分，命题三十三），这个人拥有的心灵的主要部分也是永恒的。此证。

注释 因为若人的身体能够容纳最多数量的活动，无疑将拥有这样的本性，即其与心灵相互关联，而这种心灵则拥有关于自身以及神的伟大知识。这种心灵的最大部分或主要部分是永恒的，因此它们几乎不恐惧死亡。但是，为了更清楚地理解这一点，这里我们必须要明白，我们生活在一种永恒的变化的状态之中，随着我们转变到更好的状态或更坏的状态，我们则被称为快乐或不快乐。

若一个人从婴儿或孩子变成了死尸，就称其为不快乐；反之，倘若我们能够以一个健康的心灵和健全的身体活过一生，就可以称自己是愉快的。事实上，若一个人是婴儿或孩子的模样，他的身体能容纳的活动是很少的，且很大程度上依赖外部原因。就其心灵自身来看，它是几乎不能意识到自身，意识到神，或意识到事物的。反之，若一个人的身体能容纳许多活动，就其心灵自身来看，它是高度意识到自己，意识到神，及意识到事物的。故而，在这样的生活中，我们首先努力要做的是使孩子的身体转变为某些能够容纳许多活动的其他东西，且其心灵也能高度意识到自身，意识到神，意识到事物，这也是身体的本性所趋于认同且引导的，那么，与心灵的想象与记忆有关的一切东西，与心灵的理智比较起来，就变得无关紧要了，正如我已于上一命题的注释中所说的那样。

命题四十 随着一件事物拥有的完满性越多，它拥有的主动性就越多，拥有的被动性就越少，并且，反之亦然，随着一件事物拥有的主动性越多，它就越完满。

证明 随着一件事物越完满，它就拥有越多的真实性（据第二部分，定义六），并且，因此（据第三部分及注释）它就拥有越多的主动性，越少的被动性。反之亦能证明得出，随着一件事物拥有的主动性越多，它就越完满。此证。

推论 由此可以得出，心灵的持续存在的部分，不论其是大还是小，都将比其余部分更加完满。因为，心灵的永恒的部分（据第五部分，命题二十三及命题二十九）就是理智，只有通过理智的部分我们才能称为主动的（据第三部分，命题三）。我们已经论述过，心灵中随身体的灭亡而消逝的部分就是想象（据第五部分，命题二十一），仅有通过想象我们才能称自己是被动的（据第三部分，命题三及情感的普遍定义），因此，不伦前者是大还是小，它都比后者更加完满。此证。

注释 这些就是我意图提出的关于心灵的说法，且是就心灵脱离与身体的关系受到考察而言。由此说来，也根据第一部分，命题二十一及其他命题，可以清楚的是，就我们心灵能够理解而言，它是一种永恒的思想的模式，且为另一种永恒的思维模式所决定。这另一种思维模式又为第三种思维模式所决定，以此类推至无穷，因此，所有的这些思维模式共同组成了神的永恒无限的理智。

命题四十一 即使我们并不知道我们的心灵是永恒的，我们仍将把虔诚和宗教看作最重要的事，以及第四部分中一切将其归于勇气和高尚的东西。

证明 德行的首要且仅有的基础，或正当生活的规则（据第四部分，命题二十二，推论及命题二十四）就是搜寻一个人自身的真正利益。但是，当我们决定什么是理性规定为有用的东西时，我们不会考虑到心灵的永恒性，因为我们仅在第五部分才讨论到心灵的永恒性。尽管那时我们并不知道心灵是永恒的，然而我们却也阐述过归属于勇气和高尚的品质是最重要的东西。因此，即使我们仍然不知道心灵的永恒性，我们也应该把理性的命令放在首位。此证。

注释　大多数人的共同信念似乎却是不同的。大多数人看起来认为他们是自由的，是就他们顺从他们的性欲而言，同时就他们不得不遵从神圣法律的戒律去生活而言，他们又放弃了自身的权利。因此，他们相信，虔诚、宗教以及一切归于心灵的坚定的东西，都是负担，而他们也希望死后能摆脱这些负担，并且为这种奴役，也就是为他们的虔诚与宗教受到奖赏。不仅是基于这种希望，也主要是基于对死后受到严厉惩罚的恐惧，他们才以微薄弱小的心灵承接指引而遵循神圣的戒律去生活。

倘若人类没有这种希望或者恐惧，却相信心灵随着身体的灭亡而消失，那些因为虔诚的负担就崩溃的人，也不会期望有延长的寿命来弥补不幸，他们将回归自身的意愿和倾向，遵循情欲去控制一切，欲求去服从命运的安排而并非听从自己的内心。这样的说法在我看来是十分荒谬的，就像是在说，一个人因为不相信自己能借助健康的食物而永久维持身体，就想猛吃毒药或有毒的食物；抑或是，因为一个人知道心灵不是永恒的或不朽的，他就更愿意完全脱离心灵，不依借理性去生活。这些观念如此荒谬至极，以至于根本不值得反驳。

命题四十二　福祉不是德行的报酬，而是德行自身，并不是因为控制自身的情欲，我们才从中获取愉悦，恰恰相反，正是因为我们从中获取愉悦，我们才能控制自身的情欲。

证明 福祉就是对神的爱（据第五部分，命题三十六及注释），这种爱起源于第三种知识（据第五部分，命题三十二，推论）。这种爱（据第三部分，命题三及命题四十九）必定与心灵有关，这是就心灵是主动的而言，因此（据第四部分，定义八），心灵就是德行自身。这是我们要论证的第一点。再者，随着心灵从这神圣之爱或福祉中获取的愉悦更多，心灵能理解的东西也就越多（据第五部分，命题三十二），也就是说（据第五部分，命题三，推论），心灵拥有的控制情感的力量就越多，并且（据第五部分，命题三十八）越少受制于那些邪恶的情感，因此，随着心灵从这种神圣之爱或福祉中获取的愉悦越多，它就越拥有控制情欲的力量，并且，鉴于控制情感的人类力量仅仅就是理智，可以推得，人不是因为控制情欲才从福祉中获取愉悦，而恰恰相反，人控制情欲的力量起源于这种福祉自身。此证。

注释 所以我已经完成了所有我要说的关于心灵控制情感的力量及心灵的自由的内容。由此便可得出，明智之人是如何的强大，他又有多少超过那些为情欲所引导的愚昧之人。因为，愚昧之人不仅从多方面为外部原因所干扰，不能真正理解他的精神，此外，他还无知于他自己，无知于神，无知于事物而生活着，一旦他停止承受外界的干扰，他也就停止存在了。

然而，一个可以真正认作为明智的人，精神上几乎是不会受到干扰的，且基于一种永恒的必然性，他能意识到自身，意识到神，意识到事物，从不停止存在，总是拥有对于他的精神的真正认同。

若我所指出的导致这一结果的途径看起来是极其艰难的，却也是能够被发现的。正因为这一途径极少为人知晓，所以才如此艰难。若我们不费力气，就能轻易获得救赎，那怎么几乎被所有人都忽视了呢？不过，一切宝贵的事物都是难以得到的，正如它们的稀少罕见一样。